다르니까 재미있어!

엘레나 앙굴로 안투네스 외 지음 | 유혜경 옮김

찰리북

Original Spanish title : Diversidad
Text : Elena Angulo Antúnez, Núria Bernaus Fitó, Esther Hernández Godoy, Adriana Sabugal Fernández
Illustrator : Mariona Cabassa
Photographies : Age-Fotostock, Elena Angulo, Erika Arias, Getty Images, Obac, Quim Roser
Original Edition ⓒ Parramón Ediciones, S. A. Barcelona, Espana
World rights reserved.
Korean language edition ⓒ 2010 by Charlie Book
Korean translation rights arranged with Parramón Ediciones, S. A.
through EntersKorea Co., Ltd., Seoul, Korea

이 책의 한국어판 저작권은 (주)엔터스코리아를 통해 저작권자와 독점 계약한 찰리북에 있습니다.
저작권법에 의해 한국 내에서 보호를 받는 저작물이므로 무단 전재와 복제를 금합니다.

다르니까 재미있어!

1판 1쇄 발행 | 2010년 6월 15일
1판 7쇄 발행 | 2018년 11월 23일

지은이 | 엘레나 앙굴로 안투네스 외
그린이 | 마리오나 카바사
펴낸이 | 박철준
편 집 | 김서윤, 김나연
디자인 | 이상선
펴낸곳 | 찰리북
등 록 | 2008년 7월 23일(제313-2008-115호)
주 소 | 서울시 마포구 동교로18길 33, 201(서교동, 그린홈)
전 화 | 02)325-6743 팩 스 | 02)324-6743
전자우편 | charliebook@gmail.com

ISBN | 978-89-94368-00-9 73300

* 잘못된 책은 바꾸어 드립니다.

어린이제품안전특별법에 의한 제품 표시	
제조사명 찰리북	전화번호 02-325-6743
제조국명 대한민국	주 소 서울시 마포구 동교로18길
사용연령 만 7세 이상 어린이 제품	33, 201(서교동, 그린홈)

세상에 똑같은 사람은 없어.
우리는 다 특별한 사람들이야!

사비나는 십자말풀이를 좋아하고, 춤을 잘 추고 고양이처럼 호기심이 많아.
이반은 동물을 좋아하고, 뭐든 꼬치꼬치 따지고, 엄청 수다쟁이야!
노아는 다정하고 명랑해, 맨발로 걷는 것과 노래 부르는 것을 아주 좋아하지.
카를라는 바나나를 좋아하고, 틈만 나면 어디든 기어오르려고 해.
아드리아는 한순간도 가만히 있지 못하고, 관찰하길 좋아해.

이렇게 우리는 서로 달라.
하지만 모두가 세상에 하나뿐인
특별한 사람들이야.
너처럼 말이야.

세상은 다양해.
**그리고 너는
이 세상의
주인공이야!**

차례

다르게 생겨서
- 똑같은 나무를 본 적 있니? 08
- 이제 다양함에 대해 얘기해 볼까? 10
- 내 지문은 어떻게 생겼니? 12
- 이집트 밤 아니면 그리스 밤? 14
- 아하, 폴리네시아 발이구나! 16
- 이런 모양 저런 색깔 18
- 여자와 남자 20
- 넌 누굴 닮았니? 22

우리 다양하게 움직여
- 나는 그림을 잘 그리고, 너는 나무를 잘 타고 24
- 장애인 올림픽 26
- 왼쪽, 오른쪽 28
- 기차 안에서 뭐 하고 있을까? 30

다양한 것들을 나눠 볼까?
- 한 상자에 한 종씩, 한 상자에 한 사람씩? 32
- 늘 발전하는 우리

우리 안의 다양한 세상
- 놀라운 DNA 34
- 우리 몸의 중앙 컴퓨터 36
- 마음의 지능 지수 38
- 혼자 아니면 함께 40
- 얼굴은 홍당무가 되었지만 소심하진 않아 42

다양하게 느껴 봐
- 여기가 목욕탕이 아니라 44
- 바다라는 걸 어떻게 알지? 46
- 손가락으로 책 읽기 48
- 뭐라고? 50
- 수학 52
- 만지고 느끼기 54

- 56 피부에 사는 친구들
- 58 냠냠~ 손맛이 최고야!
- 60 미래의 얼굴을 그려 보자!

다양한 가족

- 62 아빠, 엄마, 아이들
- 64 넌 누구랑 살고 있니?
- 66 변화

다양한 사회

- 68 함께 살아가기
- 70 놀이의 규칙
- 72 나랑 무슨 상관이야!
- 74 야무와 마리에
- 76 그런 법이 어디 있어!
- 78 학교 가자!
- 80 엄마는 일하는 중
- 82 우리는 부자일까?
- 84 이거 사줘요!
- 86 떠나야 해

다양한 문화

- 88 문화
- 90 같이 어울려 살기
- 92 세계의 종교들
- 94 삶과 죽음
- 96 넌 어디 사니?
- 98 나의 하루
- 100 다양한 몸짓
- 102 안녕!
- 104 맛있어!
- 106 지구는 우리 집

이 책을 읽기 전에

우리는 매일 이 세상이 다양하다는 것을 느낄 수 있어.
세상은 갑자기 다양해진 것이 아니라
원래부터 다양했어. 하지만 몇십 년 전부터
부쩍 이민이 늘고, 교통수단이 많아지고,
의사소통의 방식이 발전되면서 더 다양해졌어.
그래서 이제는 정보와 사람들이 활발하게
오고 가며, 여러 학문, 문화, 종교, 생각이
하나로 이어지는 그런 세상에서 살게 되었어.

다양함에 대해 생각해 보는 것은
이런 세계화 시대에 꼭 필요한 일이야.
세계화 시대를 살아가려면
틀에 박힌 생각과 편견을 버리고
새로운 가치관과 개방적인 자세를
가져야 해. 그러기 위해서는
'정상과 비정상',
'좋은 것과 나쁜 것',
'똑똑한 사람과 바보',
'예쁜 것과 못생긴 것' 같이
어떤 틀로 세상을 나누려는
생각을 버려야 해.

8살~12살의 아이들은 새로운 생각과 열린 눈으로 세상을 바라보고, 수많은 질문을 던져. 그리고 자기 방식으로 세상을 보고, 자신만의 가치관을 세우게 되는데, 이때 만들어진 생각은 대부분 평생 이어지게 돼. 그러니까 이 시기에 보고 듣고 생각하는 것들이 아주 중요한 거야.

이 책은 함께 읽고, 질문하고, 조사하고, 토론하는 그런 책이야. 그리고 서로의 차이를 존중하는 여행을 떠나기 위한 책이지. 이 책에서는 모양, 움직임, 느낌, 우리 몸, 가족, 사회와 세계까지 세상의 모든 것들이 얼마나 다양한지 이야기하고 있어. 우리는 이 책 속을 여행하면서, 여러 가지 방식으로 그 모든 다양함에 대해 생각해 볼 거야. 자, 그럼 여행을 떠날 준비가 됐니?

책 속으로 여행을 떠나 배울 것

* 자신이 세상에 오직 하나뿐인 존재라는 것 깨닫기
* 각자의 잠재력을 높이 평가하는 법 배우기
* 주변을 새로운 눈으로 바라보는 법 배우기
* 옳고 그름을 구별할 수 있는 비판적인 시각 기르기
* 다른 사람들을 존중하며, 함께 살아가는 가치관 배우기

나무의 종류를 몇 가지나 알고 있니?
같은 종류의 나무들이라도 서로 다를 수 있을까?

이 질문이 이상하니?
그렇다면 소나무 두 그루를 한번 비교해 보렴.
참나무, 느티나무, 단풍나무도 두 그루씩 정해서 자세히 살펴보렴.

어때, 두 그루가 똑같아 보여?

숲을 이루고 있는 나무 한 그루 한 그루는 다 같은 나무이면서,
동시에 이 세상에 하나밖에 없는 나무란다.
같은 종류의 나무라도 다 다르게 생긴 거지.
그렇게 모양, 크기, 빛깔, 감촉이 서로 다른 다양한 나무들이
한데 어우러져 있기 때문에 숲이 아름다운 거야.

모든 나무들이 똑같다면 숲은 어떤 모습일까?

두 다리를 모으고 서 있을 때 누군가가 너를 밀면, 아마도 넘어지겠지.

하지만 다리를 벌리고 두 팔을 편 채 발에 힘을 주고 서 있으면, 그렇게 쉽게 넘어지지 않을 거야.

나무도 마찬가지야. 뿌리를 사방으로 뻗으며 자라기 때문에 쓰러지지 않아.

씨앗에는 그 나무에 대한 모든 정보가 담겨 있어. 나무가 자라려면 흙, 비, 태양이 어우러진 적절한 환경과 시간이 필요해.

아프리카에는 바오바브나무 씨앗이 떨어진 물을 마시면, 악어한테 공격당하지 않는다는 전설이 있어. 그런데 바오바브나무의 꽃을 꺾으면, 사자한테 잡아먹힌대.

와, 진짜 크다! 이 나무는 바니안나무인데 벵골보리수라고도 불러. 불교와 힌두교 신자들은 성스러운 나무라고 믿고 있지. 가장 유명한 바니안나무는 인도의 콜카타 식물원에 있는데, 200살이 넘었고, 너무 커서 멀리서 보면 숲처럼 보인대.

✳ 다르게 생겼네

이제 다양함에 대해 얘기해 볼까?

사전을 찾아보면, '완벽'이란
'흠 없이 완전한 상태'라고 나와 있어.
너는 완벽한 것을 본 적 있니?
어쩌면 기계나 수학 공식은 완벽할 수도 있을 거야.
그렇다면 자연은 완벽할까? 그리고 사람들은 완벽할까?

많은 사람들은 '완벽하다'는 말을 '아름답다'는 뜻으로 쓰기도 해.
하지만 자세히 살펴보면 자연은 완벽하지 않은데도 아름다워.
자연 속에는 흠이 있는 것, 없는 것, 큰 것, 작은 것 등
갖가지 서로 다른 것들이 조화롭게 어우러져 있어.
그렇게 세상 모든 것들은 서로 다르기 때문에 아름다워.

사람에 관해 이야기할 때 자주 하는 말이 있어.
바로 '정상'이란 말이야. '정상'은
'늘 혹은 규칙적으로 일어나는 일'을 말해.
또 어떤 규칙을 가리킬 때도 '정상'이라는
말을 사용해. 하지만 규칙은 그 규칙을 만든
사람들에 따라 달라져. 그러니까 '정상'이라는 것도
사람들의 약속에 따라, 상황에 따라 달라지는 거야.

1977년 미국항공우주국에서 무인 탐사선 2대가
우주로 발사되었어. 바로 보이저 1호와 2호야.
이 두 탐사선의 역할은 우주에서
정보를 수집하고 사진을 찍어 지구로 보내는 것이었어.
탐사선 안에는 전 세계 55개 언어로 된 인사말,
여러 나라의 음악, 지구를 대표하는 사진들이 저장된
황금 레코드가 들어 있었어.

그 레코드를 지금 다시 만든다면,
그 안에 들어갈 내용이 당연히 달라지겠지?
하지만 지구와 지구에 살고 있는 우리를
표현할 수 있는 유일한 말은
변함없이 **다양함**일 거야.

너라면 지구를 한 단어로 뭐라고 표현하겠니?

하늘에서 내리는 눈에서도 다양함을 느낄 수 있어. 수증기가 얼어서 만들어진 눈은 물방울보다 더 작아.

하지만 떨어져 내리는 동안 서로 엉겨 붙어 큰 눈송이가 돼. 그래서 온 세상을 하얗게 덮는 거야.

눈을 자세히 들여다보면 대부분 육각형이나 육각형의 별 모양이야.

하지만 '자연의 놀라운 능력' 때문에 똑같은 모양의 눈은 하나도 없어.

그렇게 세상에 하나뿐인 눈은 땅에 닿으면 몇 분 혹은 몇 초 만에 사라지고 만단다.

* 다르게 생겼네 11

네 지문은 어떻게 생겼니?

손가락에 있는 선

지문과 손금의 모양은 사람마다 다 달라.
그러니까 세상에 하나밖에 없는 선이지.
지문과 손금은 태아가 엄마 배 속에 자리 잡은 지
3~4개월쯤 되면 생기는데, 평생 사라지지 않아.
우리와 함께 자라고 변해가지만, 지울 수는 없어.
그러니까 그 사람이 누구인지를 증명할 수 있는
유일한 방법이라고 할 수 있지.

너처럼 이 세상에 하나뿐이야

이 세상에 너와 똑같은 지문을 가진 사람은 아무도 없어.
게다가 한 손 안에도 각 손가락마다 독특한 지문이 있지.
심지어 일란성 쌍둥이도 지문은 서로 달라.
그렇긴 해도 지문들을 살펴보면 늘 나타나는 기본적인
형태가 있어서, 크게 네 가지로 나눌 수 있어.

- 제상문(말발굽 모양)
- 와상문(달팽이 모양)
- 궁상문(활 모양)
- 변태문(그 외 모양)

이 네모 칸에
한 손가락의 지문을 찍고
그 옆 칸에 다른 사람의
지문도 찍어 봐.
그럼, 여러 사람의 지문을
비교해 볼 수 있을 거야.
준비물 : 인주나 잉크 패드,
그리고 손을 깨끗이 씻을 것!

알고 있니?

지문은 원숭이나 사람 같은 영장류 동물한테만 있어. 그 밖에 다른 동물들은 다른 방법으로 자신이 세상에 하나밖에 없는 존재라는 걸 알려. 예를 들어, 얼룩말에게는 줄무늬가 그런 역할을 해. 똑같은 줄무늬를 가진 얼룩말들은 이 세상에 없거든.

✱ 너만의 서명

컵이나 전화기 같은 물건을 손으로 집으면, 그 물건에 지문이 남아. 피부에서 분비되는 땀과 기름이 투명한 잉크가 되어 네 지문을 찍는 거지.

지문을 연구하는 학문을 지문학이라고 해. 지문은 사람마다 다른 만큼, 경찰 수사에서 용의자를 찾거나 용의자의 신원을 파악하는 데 사용돼.

✱ 다르게 생겼네

우리 몸의 다른 부분이 아무리 떠들어 대도 역시
가장 중요한 부분은 발이야.
발이 있기 때문에 우리가 서 있을 수 있거든!
우리의 발은 수많은 마디를 연결해 주는 뼈와,
근육과 인대와 관절로 이루어져 있어.

네 말이 맞아, 발은 몹시 무거운 무게를 지탱하고 있어.
몸무게가 70킬로그램인 사람이 7킬로미터를 뛰면
약 850톤의 압력이 발에 가해진대. 상상할 수 있니?
예를 들자면, 어른 코끼리의 몸무게가 7톤이니까
어른 코끼리 121마리를 짊어지고 있는 거라고!

발이 왜 그렇게 간지럼을 잘 타는지 아는 사람?

발등과 발바닥에는 7,200개나 되는 신경이 모여 있는데,
그곳에 있는 신경은 다른 곳에 있는 신경보다 특히 더 발달되어 있어서
간지럼을 잘 타는 거야.

이건 중요한 얘긴데, 발마다 다 나름의 성격이 있어.
심지어 같은 사람의 발이라도 두 발이 서로 달라.
새 신발을 신어 볼 때, 그런 거 느낀 적 없니?

이집트 발 아니면 그리스 발?
아하, **폴리네시아 발**이구나!

맞아, 그래서 우리 신발이 중요한 거야.
발은 멋지고, 우아하고, 사랑을 받아야 해.
한 마디로 매력덩어리야!

에헴!

우리가 장식품은 아냐. 우리 신발들은 걷고, 뛰고,
계단을 오르고, 일을 하는 발을 보호하고 도와주기 위해 만들어진 거라고.

한번 간질여볼까?

아냐, 틀렸어. 3가지야! 세 번째는 폴리네시아 발 혹은 네모난 발이라고 해, 발가락의 길이가 모두 똑같은 발 말이야.

발을 모양에 따라 몇 가지로 나눌 수 있는지, 혹시 알고 있니? 2가지야. 이집트 발과 그리스 발. 이집트 발은 엄지발가락이 나머지 발가락보다 길고, 그리스 발은 둘째발가락이 가장 길단다.

발이 걷다가 지치면 우리가 필요해.
발이 70년 동안 약 18만 킬로미터나
걷는다는 것, 그러니까 지구를
4바퀴 반이나 돈다는 것을 알고 있니? 헉!

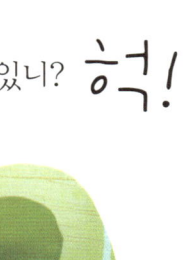

다르게 생겼네 15

이런 모양 저런 색깔

우주에는 은하, 별, 행성, 생물 등
다양한 형태의 물질들이 존재해. 모든 것은
액체, 고체, 기체의 혼합물로 이루어져 있어.
어떤 물질은 반으로 자르면 똑같은 모양으로
나뉜단다. 이런 재미있는 특성을 좌우 대칭이라고 해.

사람의 겉모습은 좌우 대칭의 아주 좋은 본보기야.
우리 몸의 왼쪽과 오른쪽은 거의 똑같은 모양을 하고 있거든.
하지만 완벽하게 똑같지는 않아.
우리 몸속의 내장 중에서도 좌우 대칭이 아닌 것들이 있어.
예를 들면, 심장이나 간이 그래. 그리고 아주 자세히
관찰해 보면 겉모습 역시 완벽한 좌우 대칭이 아니야.
예를 들어 양손, 양발, 얼굴이 그렇지.
비대칭은 우리 몸에서 아주 자연스런 현상이야.

알비노는 멜라닌 색소가 거의 없는 사람이나 동물을 뜻하는 말이야. 눈이 파랗고 털이 하얀 고양이를 본 적 있니?
그 고양이가 바로 알비노야.

멜라닌은 우리의 피부와 머리카락과 눈동자에 색을 입혀 주는 색소야.

얼굴 사진을 코를 중심으로 반으로 접어 봐.
먼저 오른쪽 얼굴을 종이로 가리고 왼쪽 얼굴을 관찰한 다음,
다른 쪽도 똑같이 관찰해 보는 거야. 양쪽이 서로 같니?
이제 코를 중심으로 접은 선에 거울을 올려놓고 오른쪽을 비춰 봐.
그러면 오른쪽 얼굴만 있는 새로운 얼굴이 탄생할 거야. 왼쪽도 같은 방법으로 살펴봐.
거울에 비친 새로운 얼굴이 원래 얼굴과 다른 것 같지 않니?

이곳에 사진을 붙이고
관찰해 보렴.

* 다르게 생겼네

여자와 남자

과학자들이 연구한 결과 여자아이의 뇌와 남자아이의 뇌는 발달 속도나 과정이 다르대. 예를 들어, 여자아이는 언어 능력이 먼저 발달하는 반면, 남자아이는 공간에 대한 인지력이 먼저 발달해. 이렇게 성별에 따라 차이는 있지만, 우리 모두는 세상에 하나뿐인 특별한 사람들이라는 공통점이 있어. 그러니까 성별에 상관없이 모든 사람들에게는 똑같은 기회가 주어져야 해.

이 기호들이 무엇을 뜻하는지 알고 있니?

이 두 기호들은 과학자들이 암수를 구별하기 위해 쓰기 시작했어. 그리스 신화에서 가져온 거지. 암컷을 뜻하는, 밑에 십자가가 달린 동그라미는 사랑과 아름다움과 다산의 여신인 아프로디테의 거울을 의미해. 북동쪽으로 화살이 그려져 있는 동그라미는 아레스 신의 방패와 창을 표현한 것으로 수컷을 뜻해. 아레스 신은 원래 다산과 식물과 가축의 신이었는데, 나중에 전쟁의 신이 됐어.

어쩌고 저쩌고 재잘재잘 알쏭달쏭

대부분 여자는 XX 염색체와 여성의 성기를, 남자는 XY 염색체와 남성의 성기를 가지고 태어나. 그렇지만 남자인지 여자인지 구분할 수 없는 사람들도 있어. 연구 결과에 의하면, 북미 지역에서는 100명 중 1명꼴로 양성, 그러니까 남자와 여자의 신체 특징을 동시에 가진 아이들이 태어나고 있대. 하지만 남자든 여자든 양성이든 모든 인간은 다 똑같이 엄마와 아빠의 만남으로 태어난 소중한 존재야. 그건 다 똑같아.

서로 다르지만 통하는 둘

동양 철학에서는 이 세상에 서로 다른 두 개의 힘이 있다고 생각해.
예를 들면 하늘과 땅, 선과 악, 남자와 여자, 낮과 밤 같은 거야.
이런 두 개의 힘을 음과 양이라고 불러.
음은 여성성과 관련 있고, 양은 남성성과 관련 있어.
이런 두 개의 힘은 서로 다르지만 상대를 보완해 주며 조화를 이루고 있어.

다르게 생겼네

넌 누굴 닮았니?

클론이란 완전히 똑같은 유전자를 지닌 개체를 뜻하는 말이야. 복제 인간이라는 말 들어 봤지? 그게 바로 클론이야. 과학자들은 오래전부터 식물과 동물로 클론을 만드는 실험을 해왔어. 복제양 돌리는 세계 최초로 복제에 성공한 포유류야. 현재 과학자들은 인간 복제를 연구하고 있는 중이야. 그래서 인간 복제에 관한 뜨거운 논쟁이 시작되었지. 인간을 복제하는 것은 오로지 치료의 목적일 때만 허용되어야 할까?

넌 어떻게 생각해?

유전자에는 성별부터 눈동자 색깔, 귀를 움직이고 혀를 말아 올리는 등의 신체 특징까지 그 사람에 대한 모든 정보가 담겨 있어. 가족들이 닮는 이유는 대부분 유전자 때문이기도 하지만, 함께 살면서 가까워지기 때문이기도 해. 성격과 지능은 유전자뿐만 아니라, 사람들과의 관계를 통해서도 형성되거든. **서로 닮았다는 것이 '똑같다'는 뜻은 아니야.** 아무리 누군가를 닮아도 나에겐 나만 갖고 있는, 세상에서 하나뿐인 특성이 있기 때문이지.

누군가의 **행동을 흉내 내는 것**도 닮았다고 할 수 있을까?

피도 안 섞였는데 어떻게 닮을 수 있지?

똑같은 걸음걸이로 걷는 부부를 본 적 있니?

주인을 닮은 개를 본 적 있니?

레이튼 리처드슨과 케이돈 리처드슨 형제는
2006년 7월 23일 영국에서 쌍둥이로 태어났어. 그런데 이 형제는 서로 달라. 한 아이는 검은 피부에 검은 눈을 갖고 있고, 다른 아이는 흰 피부에 파란 눈을 갖고 있거든. 백만 번 중에 한 번 일어날까 말까 한 일이래!

* 다르게 생겼네

나는 그림을 잘 그리고, 너는 나무를 잘 타고

마리아는 수영을 잘하고, 기예르모는 리듬 감각이 뛰어나.
우나이 리는 책을 빨리 읽고, 다니엘라는 그림을 아주 잘 그려.
너도 분명히 뭔가를 잘한다는 말을 많이 들어 봤을 거야.
가족 중에도 누구는 이 일을 잘하고, 또 누구는
저 일을 잘하지. 너는 혹시 노래보다 점프를 더 잘하니?
잘하는 게 없다고? 그러면 배우면 되지.

인간은 다양한 신체적·사회적 능력을 가지고 있어.

신체적 능력은 몸의 움직임을 조절하는 능력이야.

그리고 사회적 능력은 다른 사람들과 사귀고,

감정을 다스리는 능력이야.

인간은 기본적으로 똑같은 능력을 '지니고' 있지만, 그 모든 능력을 똑같은 방식으로 계발하지는 않아.

다른 환경, 다른 재능

이사는 캄보디아의 톤레사프 호수에 있는 마을에 살고 있어.
이사네 학교는 물 위에 떠 있어서, 이사는 학교에 가기 위해
배를 젓는 법을 금세 배웠단다.

신체적 능력과 사회적 능력은 배우는 걸까, 따라하는 걸까, 아니면 유전자에 '담겨 있는' 걸까?

모두 맞는 말이야.
사회적인 능력은 크면서 계발되는 거야.
신체적인 능력은 타고나는 것이지만,
사회적인 능력과 마찬가지로
경험하고, 배우고, 따라하다 보면
더 계발할 수 있어.

내가 너보다 더 잘해

재능을 비교하는 것은 의미가 없어. 사람들마다
배우는 방식과 속도가 다르기 때문이야. 그리고
대부분 노력하면 재능을 더 계발할 수 있어.

우리는 배울 수 있어

우리의 가장 큰 재능 중 하나는 배울 수 있다는 거야.
배움을 통해 우리는 환경에 적응할 수 있고,
적절한 해결책을 찾기만 하면
문제가 생겨도 움직일 수 있어.
이것은 호모 사피엔스만의 특징이야.

넬리는 볼리비아의 추팔로마에 살고 있는데,
어릴 적부터 옥수수를 베고, 소를 몰 줄도 알아.
하지만 볼리비아까지 갈 것 없이 주변 친구들을 봐도 알 수 있어.
분명 네 친구들은 너와 다른 재능을 가지고 있을 거야.
배운 것일까, 타고난 것일까, 아니면 그냥 다른 걸까?

우리 다양하게 움직여

장애인 올림픽은 1948년 영국에서 처음 열렸어. 2차 세계 대전에서 척수를 다친 군인들의 재활을 위해 경기를 연 것이 시작이었지. 그 뒤 1960년 로마 올림픽에서 처음으로 장애인 올림픽이 함께 개최되었어. 오늘날 장애인 올림픽은 신체, 정신, 지각 장애가 있는 선수들을 위한 공식 올림픽 경기야. 장애인 올림픽에서는 비슷한 장애를 가진 선수들끼리 경쟁할 수 있도록 장애 영역을 6개로 나누어 놓았어.

장애인 올림픽

휠체어를 타고 하는 경기에서는 휠체어를 신체의 일부로 생각하고, 일반 선수들과 같은 스포츠 규칙을 적용해. 물론 예외도 있어. 예를 들면 휠체어 테니스 경기에서는 공이 네트를 넘어간 다음, 땅에 2번까지 튀어도 된다고 규정해 있어.

뇌성 마비

뇌성 마비란 뇌를 다쳐서 몸을 움직이기 어렵거나, 온몸이 마비되는 병이야.
엄마 배 속에 있을 때나 태어난 뒤 질병이나 사고로 뇌를 다치면 뇌성 마비가 나타나.
뇌성 마비 환자들은 주로 뭔가를 배우거나, 다른 사람과 의사소통을 하는 데 어려움을 겪어.
그리고 환자마다 다친 뇌의 부위가 다르기 때문에 뇌성 마비의 증세도 다르단다.

마음도 마비될 수 있을까?

스티븐 호킹 박사는 우주의 물리 법칙과 블랙홀을 연구한
영국인 과학자야. 그런데 21살 때부터 운동 신경이 파괴되어
서서히 근육이 마비되어 갔어. 말을 할 수 없게 되자,
호킹 박사는 음성 합성 장치를 사용하기 시작했어.
이 장치는 눈이나 머리의 미세한 움직임을 통해
컴퓨터에서 필요한 단어나 문장을 선택해서
'자신의 전자 목소리'를 들을 수 있게 해주는 거야.
요즘 호킹 박사는 그 어느 때보다 더 정확하고 빠르게
말을 한대. 다만 이상한 것은 영국 사람인데도
미국식 악센트로 말을 한다는 점이지.

모든 일에 무한한 능력을 가진 사람은 아무도 없어.
우리 모두는 재능과 장애를 동시에 가지고 있지.
장애를 가진 사람들은 한계에 부닥칠 때가 많단다.
우리 사회가 장애인들이 살아가기에는 쉽지 않은 곳이기
때문이야. 그리고 장애인들은 자신이 남들과
다르다는 것에 대해 두려움도 느낀단다.

우린 다양하게 움직여

왼쪽

어린 아이들은 왼쪽과 오른쪽을
잘 구별하지 못해서 신발을
바꿔서 신는 경우가 많아.
그런데 미국에서는 남북전쟁 전까지,
신발을 왼쪽과 오른쪽의 구별 없이
똑같은 모양으로 만들었대.
신발은 양쪽이 똑같아 보여야 한다는
생각이 자리 잡고 있었거든. 1860년대
들어서서야 비로소 많은 사람들이
왼쪽과 오른쪽의 모양이
다른 신발을 신기 시작했대.

왼손 콤플렉스

왼손잡이는 불편할 때가 많아.
세상에 있는 거의 모든 물건들이
오른손잡이가 사용하기 편하도록
만들어졌거든. 악기, 가위, 깡통 따개,
자전거 기어, 가전제품, 셔츠 단추 등
모든 것이 오른손을 위해 만들어졌어.

그런데 아랍 어와 히브리 어를 쓸 때는
오른쪽에서 왼쪽으로 써야 한다는 걸 알고 있니?

사람들 대부분은 몸의 오른쪽을 많이 쓰는 오른손잡이야. 하지만 적어도 10명 중 1명은 왼손잡이야. 그리고 몸의 양쪽을 똑같이 잘 사용하는 양손잡이도 있어.

오른쪽

알고 있니?
최초의 자동차에는 운전석과 핸들이 차의 앞자리 한가운데 있었대. 그 후 몇몇 자동차 공장들은 운전석과 핸들을 왼쪽으로 옮기기로 결정했어. 그래야 운전자가 도로 중앙선에 더 가까이 있을 수 있고, 맞은편에서 오는 자동차를 더 잘 볼 수 있기 때문이야. 그런데 다른 자동차 공장들은 핸들을 오른쪽으로 옮기기로 했어. 주차할 때 시야를 확보하는 것이 중요하다고 생각했기 때문이지. 우리나라같이 우측통행을 하는 많은 나라에서는 자동차 핸들이 왼쪽에 달려 있어. 반면 영국이나 일본처럼 좌측통행을 하는 나라에서는 자동차 핸들이 오른쪽에 달려 있지.

우리는 기본적으로 6가지 감정을 가지고 있어.
바로 기쁨, 슬픔, 놀람, 불쾌감, 화남, 두려움이야.
사람들은 대부분 이런 감정을 비슷하게 표현해. 우리 얼굴에는 이런 감정을 표현하는
중요한 부분들이 있어. 다만 놀람을 표현할 때는 얼굴의 모든 부분을 다 사용해.
얼굴은 우리의 감정을 표현하는 아주 중요한 부분이야. 우리는 다른 사람의 얼굴 표정을 읽으며
자연스럽게 그 사람의 감정을 느낄 수 있어.

다시 유전자 이야기로 돌아가 볼까.
최근 연구에 의하면, 기쁘거나,
슬프거나, 화가 났을 때 짓는 표정은
유전적인 거래. 그러니까 가족끼리
같은 표정을 짓는다는 거지.
이것을 증명하기 위해 이스라엘
하이파 대학교의 연구원들은 태어날 때부터
맹인인 사람 21명과 서로 다른 환경에서
살고 있는 그 사람들의 친척이 짓는
얼굴 표정을 분석했어. 그 결과 가족들끼리
똑같은 표정을 짓는다는 것을 알게 되었어.
결코 만난 적이 없는 가족인 경우에도 말이야.

기차 안에서 뭐 하고 있을까?

이건 어떤 표정일까?

하하 헤헤

히히

헤헤

호호

킥킥

갓난아이들은 생후 4개월부터 웃기 시작해. 웃음은 뇌가 조종하는 행동이야. 게다가 전염성이 매우 높아서, 특히 아이들 사이에서는 순식간에 전염이 돼. 어른들은 하루에 100번도 웃지 않는 반면, 아이들은 거의 300번을 웃는대.

이 사람은 어떤 기분일까?

알고 있니?
인간의 '사촌' 뻘인 원숭이 말고도, 개와 쥐도 웃는대. 그걸 증명한 연구 사례도 있어. 너도 동물이 웃는 것을 본 적 있니?

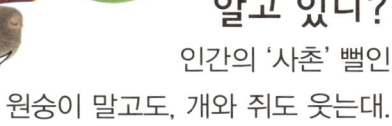

✱ 우린 다양하게 움직여

한 상자에 한 종씩,

지구에 사는 모든 생물 가운데 인간은 관찰하고 분석하는 능력을 가진 유일한 존재야. 우리는 우리를 에워싸고 있는 세상을 이해하고 싶어 해. 그래서 이 세상에 살고 있는 생물들의 차이점과 공통점을 따져서 나누려고 하지. 하지만 이건 어디까지나 우리 인간에게나 필요한 일일 뿐이야. 왜냐하면 이 세상 만물은 정확하게 나눠져 있지 않거든. **혹시 이 지구의 어느 한 곳에는 동물들이 모여 살고, 다른 곳에는 식물들이 모여 사는 것은 아닐까?** 하지만 살아가려면 서로의 도움이 필요한 건 확실해.

한 상자에 한 사람씩?

물고기자리인 사람들은 다 똑같을까?
재미있는 사람들은 다 똑같이 재미있을까?
언제나 누구한테나……

이 세상에 하나뿐이야?

아니야. 사람들은 모두 다 달라.
그래서 사람들을 나눈다는 건
어려운 일이야. 우리 모두는 세상에
하나밖에 없는 사람들이거든.
그래서 우리를 나누려면
왜 그렇게 나누었는지 알려 주는,
너무나 긴 설명을
적은 꼬리표가 필요할 거야.

아주 오래 전부터 우리는 성격과 취향과 관심과 행동에 따라 사람들을 나누려고 했어.
같은 꼬리표 아래 사람들을 나누기 위해
아주 많은 분류법이 생겨났지.
예를 들면 재미있는 사람, 물고기자리인 사람, 무뚝뚝한 사람, 쥐띠인 사람 같은 거 말이야.

누구에게도 말하지 말고 혼자 생각해 봐.
네가 만약 동물이라면, 어떤 동물일까?
네가 만약 꽃이라면, 어떤 꽃일까?
네가 만약 노래라면, 어떤 노래일까?
이제 너를 아주 잘 아는 사람들에게
너를 어떻게 생각하는지 물어봐.
모두가 같은 동물, 같은 꽃,
같은 노래를 말했니?
네가 생각한 것을 맞힌 사람이 있니?
사람을 어떤 하나의 기준으로
나눈다는 것이 쉬운 일 같니?

파손주의

다양한 것들을 나눠 볼까?

늘 발전하는 우리

사람들을 나눈다는 것은 너무 복잡해서 불가능한 일 같아. 물론 사람들마다 서로 비슷한 점도 있을 거야. 하지만 언제나 차이점과 우리가 자유롭고 다양한 존재라는 것이 먼저 보여. 만약 너무나 다양한 우리를 하나의 꼬리표로 묶는다면, 그 꼬리표에는 어떤 설명이 들어가게 될까? 아마 늘 배우고 경험하면서, 변화하고 발전해 나가는 존재라는 설명이 있을 거야.

배우고, 가르치고, 발명하고, 한데 모으고, 의사소통하고 또 우리 자신을 변화시키는 능력. 이런 능력 때문에 우리는 이 지구에 살고 있는 다른 생물들과 구분되는 거란다.

이 세상에 '모든 것'을 다 아는 사람은 단 한 사람도 없어. 오직 경험을 통해서만 배울 수 있지. 모든 것을 다 안다고 생각하는 사람은 더 이상 배울 수도, 발전할 수도 없어. 그래서 소크라테스는 이런 유명한 말을 남겼단다. "내가 아는 것은 내가 아무것도 모른다는 것뿐이다."

우리의 삶은 아주 큰 모험이야. 우리는 살아가면서 더 훌륭하게 변할 수 있어. 어떤 게 훌륭한 거냐고? 이 질문의 대답을 찾는 데는 평생이 걸릴 수도 있단다.

우리는 엄마 배 속에 있을 때부터 죽는 날까지 계속 변화해. 그리고 항상 배우고 경험하며 더 풍요로운 사람이 되는 거야. 실수를 두려워해서는 안 돼. 실수한다는 것은 배운다는 것이고 다시 시도할 기회를 얻는 거야.

우리는 다른 사람들의 경험을 보고 배워. 그래서 경험은 우리에게 항상 가르침을 주는 마르지 않는 샘물이야.

십만 년 동안 우리의 몸은 거의 변하지 않았지만, 우리는 돌도끼에서 벗어나 아주 먼 곳에 있는 우주까지 탐험하게 되었어. 이 모든 것은 우리 몸의 변화로 이뤄 낸 것이 아니라 문화와 과학 기술의 발전을 통해 이뤄 낸 성과야. 물론 그 모든 것은 우리 몸이 있었기에 가능한 일이었지만 말이야.

* 다양한 것들을 나눠 볼까?

놀라운 DNA

DNA는 유전자의 언어야. 그러니까 각 생물체를 만든 비법인 셈이지.

DNA에는 그 사람에 대한 모든 정보가 들어 있어.

아빠의 정자와 엄마의 난자가 만나 둘의 유전자 정보가 섞이면서 새로운 특성을 가진 우리가 만들어져. 이렇게 해서 우리는 엄마와 아빠를 조금씩 닮게 되는 거야.

아, 그래서 우리가 부모님을 닮은 거구나!

눈동자와 머리카락과 피부가 어떤 색깔인지, 코가 어떻게 생겼는지, 귀가 늘어지진 않았는지, 주근깨가 있는지, 심지어 쉬는 시간에 무슨 일을 하고 싶어 하는지, 이 모든 것이 여기에 다 적혀 있어!

알고 있니?
인간의 유전자와 벌의 유전자는 47퍼센트가 같아. 그리고 인간의 유전자와 침팬지의 유전자는 99퍼센트나 일치해.

부모님이 네 나이였을 때의 사진을 찾아봐. 너와 어디가 닮았니? 그리고 어디가 다르게 생겼니?

DNA란 데옥시리보 핵산의 줄임말이야.
한 번에 줄줄 읽어 봐!

유전자에 변화가 생겨 원래 유전자와 다른 결과가 나타나는 경우가 가끔 있어. 또 변화된 유전자를 물려받는 경우도 있지. 마치 원래의 비법에 들어 있는 재료를 바꾸거나 아니면 양을 더 넣거나 빼는 것처럼 말이야.

소인증은 유전자에 변화가 생겨 뼈가 제대로 자라지 못하기 때문에 보통 사람의 키만큼 크지 못하는 병이야. 2만 명 중 1명꼴로 소인증이 나타난대.

다운 증후군은 유전자에 변화가 생겼을 때 나타나는 가장 흔한 질병이야. 갓난아기 700명 가운데 1명꼴로 나타난대. 사람의 염색체 46개 가운데 21번 염색체의 수가 보통 사람보다 1개 더 많은 3개라서, 다운 증후군은 '21번 3염색체증'이라고도 해.

우리 안의 다양한 세상 35

우리 몸의 중앙 컴퓨터

네가 오늘 하루 했던 일들을 아무거나 한번 떠올려 봐.
아마 읽고 쓰고 뛰고 말하고 놀았을 거야.
뇌는 네가 했던 그 모든 행동들과 생각했던 것과
느꼈던 감정들을 지휘하고 조정하는 역할을 맡고 있어.

뇌는 거대한 중앙 컴퓨터야. 이 컴퓨터는 신경을 통해
온몸과 연결되어 있어. 뇌는 하루 종일 우리 몸에서
보내는 정보를 받아서 처리하고, 또 새로운 명령을
내려서 우리가 움직이고, 느끼고, 생각할 수 있게 해줘.

느낌

생각, 추리, 언어, 활동의 일부

엇갈리게 신호를 보내
뇌는 크게 좌뇌와 우뇌로 나뉘어 있는데, 이 두 부분은 연결되어 있어. 마치 호두처럼 말이야. 좌뇌와 우뇌는 각각 하는 일이 다른데, 몸에 명령을 내릴 때는 다른 쪽 몸을 맡아.

뇌는 효과적으로 일을 하기 위해
여러 부분으로 나뉘어 있어.
그렇게 나뉜 뇌의 여러 부분은 각각
다른 일을 하지만 서로 돕기 위해
연결되어 있어.

★ 척수는 뇌와 온몸의 신경을 잇는
일을 해. 우리 몸에서 뇌와 척수는
매우 중요한 부분이야.
그래서 뇌는 단단한 두개골로,
척수는 척추로 보호받고 있어.
하지만 다른 방법으로도
이 둘을 보호할 수 있단다.
바로 헬멧을 쓰는 것과
바른 자세로 생활하는 거야.

시력

★ 뇌출혈이 일어나거나 척추가
부러지면 몸이 마비되기도 해.

★ 알츠하이머병과 파킨슨병은 나이 든
어른들이 잘 걸리는 병이야. 뇌의
여러 부분에 있는 신경 세포가 죽기
때문에 이런 병에 걸려. 이런 병에
걸리면 기억력이 떨어지고,
몸을 자유롭게 움직이지 못하기도 해.

기억과 감정

왜냐하면 좌뇌는
오른쪽 몸과 연결되어 있고,
우뇌는 왼쪽 몸과
연결되어 있거든. 그러니까
오른쪽 다리를 움직이고
싶을 때, 명령을
내리는 것은 좌뇌야.

★ 우리 안의 다양한 세상

마음의 지능지수

너희 반에서 머리가 가장 좋은 친구는 누구니?

이런 질문을 받는다면, 넌 분명 반에서 성적이 제일 좋은
친구의 이름을 말하겠지. 아니면 "어떤 머리?"라고
되물을 수도 있을 거야. 어쩌면 이렇게 대답할 수도 있겠다.
"수학을 잘하는 친구? 아니면 친구들을 화해시키는 데 선수인 친구?"

지능은 한 가지만 있는 게 아니야. 이 세상에는
여러 종류의 지적 능력을 가진 사람들이 있어.
논리와 언어에 재능이 있는 사람들이 있고,
수학에 재능이 있는 사람, 음악에 재능이 있는 사람,
물리에 재능이 있는 사람, 체육에 재능이 있는 사람,
감정을 이해하고 조절하는 데
재능이 있는 사람들도 있어. 한번 생각해 봐!

수학, 국어, 생물을 잘하는 사람만 똑똑한 사람이 아니라,
감정을 잘 아는 사람도 똑똑한 사람이야.

✱ 감성 지능

감성 지능이란 자신의 감정을 잘 이해하고 다스리는 능력,
그리고 자신이 원하는 것이나 해야 하는 것을 할 수 있도록
스스로에게 동기를 부여하는 능력을 말해.
예를 들면 화를 내긴 해도 화에 휘둘리지 않는 거지.

✱ 다른 사람들과 사귀고 의사소통하는 능력도 감성 지능이야.
내가 무엇을 느끼는지, 무슨 생각을 하는지를 아는 것은 가장 기본적인 일이야.
더 나아가 다른 사람의 입장이 되어, 그 사람이 생각하고 느끼는 것을
이해하는 것이 중요해. 그래야 서로 이해할 수 있는 거니까.

다른 언어들

사람들은 말이 아닌 다른 것들을 통해 감정을 표현할 때가 아주 많아.
몸짓, 손짓, 얼굴 표정, 목소리, 자세 등으로 말이야.
같은 말을 얼굴 표정과 목소리를 바꾸어 가면서 이야기해 보렴.
매번 다른 감정이 전달되는 것 같지 않니?

머리와 가슴 – 이성과 감정

감정은 우리의 일부분이야.
우리는 감정에 따라
어떻게 행동할지 결정하기도 해.
머리로 생각하면서도 결국에는
가슴이 말하는 대로 행동할 때도 많아.
숙제를 해야 한다고 생각하면서도,
게임을 계속 할 때가 얼마나 많은지 생각해 봐.
아니면 친한 친구가 같이 놀자고 하는 바람에,
공부를 하다가도 나간 적이 있지 않니?

수학 시험에서 100점을 맞은 친구와 친구를 위로하는 재능이 있는 친구 중에
누가 더 머리가 좋을까? 머리와 가슴, 이 두 가지를
조금씩 다 갖추고 있는 것이 가장 좋지 않을까, 안 그래?

우리 안의 다양한 세상

혼자 아니면

나는 책을 읽을 때 혼자 읽는 것이 좋은데, 마르타는 같이 읽는 것이 좋대. 우리는 산에서 캠핑하는 것을 좋아하고, 토마토 스파게티도 좋아해. 그런데 양배추는 둘 다 싫어해.

40

함께

우리는 취미, 음식, 놀이처럼 좋아하는 것을
다른 사람들과 함께 즐길 수 있어.
눈여겨보면 서로의 비슷한 점을 발견할 수 있어.
물론 좋아하는 것이 서로 다를 때도 있을 거야.
그건 당연한 일이야.

**우리는 혼자 있고 싶을 때도 있고,
누군가와 같이 있고 싶을 때도 있어.**
사람은 누구나 다른 사람의 사랑을 필요로 해.
그래서 사랑을 받지 못하면 병에 걸릴 수도 있어.
하지만 혼자 있고 싶은 마음을 존중할 필요도 있지.
혼자서도 얼마든지 즐거운 시간을 보낼 수 있거든.
다른 사람들과 같이하고 싶은 일은 어떤 일이야?
혼자 하고 싶은 일은 어떤 일이야? 한번 생각해 봐.
혼자 하고 싶은 일은 대개 다른 사람들 앞에서 하면
불편할 수도 있고, 또 사람들을 불쾌하게 할 수도 있어.
누구나 다 혼자 하고 싶은 일들이 있단다.

누가 어떤 것을 좋아할까?

친구들과 함께 있을 때 친구들을 축구를 좋아하는 친구들과 좋아하지 않는
친구들로 나눠 봐. 그다음에는 바다를 좋아하는 친구들과 산을 좋아하는
친구들로 나눠 봐. 마지막으로 좋아하는 음식에 따라 친구들을 나누는 거야.
어떤 결과가 나왔니? 언제나 똑같은 친구들로 나누어졌니?
어떤 친구와 같은 것을 좋아해서 의외였어?

우리는 좋아하는 취미, 놀이, 음식이 다 다르기 때문에
매번 다른 친구들과 좋아하는 것들을 함께 즐길 수 있어.
언제나 같은 친구와 모든 일을 함께할 필요는 없잖아!

우리 안의 다양한 세상 41

얼굴은 홍당무가 되었지만

성격은 사람들이 행동하고 생각하는 방식을 설명하는 추상적인 개념이야. 평소 어떤 행동을 하는지, 어떤 습관을 갖고 있는지를 보고 미루어 생각하는 거지. 성격은 타고난 것과 커 가면서 경험한 것이 합쳐져서 나오는 거야. 비록 평생 성격이 별로 바뀌지는 않더라도, 경험을 쌓아가면서 행동하고 생각하고 느끼는 방식을 바꾸면 주변 환경에 더 잘 적응할 수는 있어.

성격을 표현하는 말은 그 사람이 어떤 사람인지 판단하는 데 도움을 주는 스티커 같은 거야. 우리는 부탁을 잘 들어 주는 사람을 고분고분하고 예의가 바른 사람이라고 생각해. 하지만 모든 사람과 모든 상황에 다 들어맞는 것은 아니야. 아주 용감한 사람도 어느 순간에는 두려움을 느낄 수 있고, 부끄러움을 전혀 타지 않는 사람도 얼굴이 빨개질 때가 있거든.

지겨운   명랑한
머리가 좋은   모험심 많은
소심한   신경질적인   수다스런
얌전한
고분고분한   반항적인
시시한   고집 센

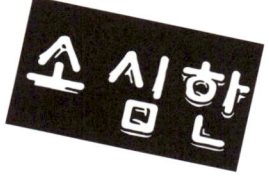

소심하지 않아!

나긋나긋한

알고 있니?
이 세상에는 얼굴이 빨개질까 봐 걱정하는 사람들이 많아. 그런 걱정이 두려움으로 변하는 것을 적색 공포증이라고 해. 이런 사람들에겐 얼굴이 빨개지는 사람이 이 세상에 혼자가 아니라는 것을 알려 주면 돼. 다만 피부가 하얗고 고우면, 빨개지는 게 더 표시가 잘 날 뿐이지.

부산한   예의바른   차분한
사교적인   건방진
참을성이 없는   예술적인

* 네 성격을 가장 잘 설명해 주는 말을 골라서 쭉 써봐.
그다음엔 부모님, 친구, 선생님에게도 네 성격을 써달라고 부탁드려 봐.
혹시 일치하는 목록이 있니? 너는 언제나 똑같아?
아니면 상황에 따라 다르니?

친절한   장난을 잘 치는

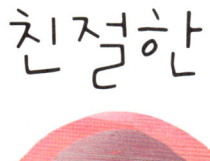

여기가 목욕탕이 아니라 바다라는 걸 어떻게 알지?

* 해변에 부딪히는 파도 소리로
* 비릿한 바다 냄새로
* 물의 짠맛으로
* 파란 바닷물로
* 발바닥에 닿는 모래의 감촉으로

바다라는 걸 알지!

몸의 창문

우리 몸은 주변의 정보를 받아들여 반응하고 느껴. 느낌은 몸 바깥의 신호를 우리에게 전달해 주는 몸의 창문이야. 눈, 코, 귀 같은 감각 기관은 외부에서 들어오는 감각을 신경 신호로 바꾸어 뇌로 전달해. 그러면 우리는 그 신호를 받고 느끼게 되는 거야.

{ **알고 있니?**
우리가 잘 알고 있는 미각, 후각, 시각, 청각, 촉감 외에도
우리 몸속에서 무슨 일이 벌어지고 있는지 알려 주는 감각이 있어.
예를 들면, 우리 몸을 지탱하는 균형 감각이나, 우리 몸에서
뭔가 부족하다고 느끼는 목마름이나 배고픔 같은 거 말이야. }

어떻게 하면 잘 느낄 수 있을까?

5

미각: 밥을 먹고 나면 칫솔로 치아와 혀를 잘 닦아야 해.

후각: 불쾌한 냄새를 피하렴. 콧구멍을 정기적으로 청소해 주는 것이 좋아.

촉감: 자외선을 피하고 피부에 수분을 충분히 공급해 주는 것이 좋아. 상처가 났을 때는 깨끗이 닦고 소독해 주어야 해.

시각: 책을 보거나 글을 쓸 때는 밝은 곳에서 하렴. 눈을 보호하지 않은 상태에서 태양을 직접 보면 안 돼. 더러운 손으로 눈을 비비는 것도 안 돼.

청각: 귀에 대고 소리를 지르거나, 큰 소리를 오랫동안 듣는 것은 좋지 않아. 귀에 이상한 것을 넣어서도 안 돼.

우리는 한 팀이야!

우리가 가장 많이 쓰는 감각은 시각이야. 우리는 눈을 통해서 외부 정보의 80퍼센트를 받아들여. 하지만 감각은 스포츠 팀과 같아서 서로 돕는단다. 한 선수가 빠지면, 나머지 선수들은 주변에 더욱 신경을 쓰면서 최대한의 정보를 받아들이려고 노력하는 거지.

✻ 실험을 해봐

눈을 감고 귀를 기울여 봐.
전에는 그냥 지나쳤던 소리가 들리니?
눈을 감고 음식을 먹어 봐.
맛의 차이를 느낄 수 있어?
눈을 감고 물건을 만져 봐.
촉감으로 새로운 정보를 얻을 수 있니?
이번에는 청각이나 후각을 사용하지 않으면 어떨까? 직접 실험해 보렴.

왜 잘 보이지 않을까?

눈동자 색깔과 눈의 모양은 몇 가지나 될까?
한 사람의 눈동자 색깔이
서로 다를 수 있을까?
누구나 시력이 똑같을까?

사람마다 눈동자의 색깔, 눈의 크기나
모양이 달라. 하지만 모든 사람의 눈은 똑같은
구조를 갖고 있고 같은 방법으로 움직여.
우리가 뭔가를 볼 때는 눈뿐만 아니라
뇌도 같이 움직이고 있어. 아주 복잡한 과정이지.
사람마다 시력이 다른 것은 눈의 생김새나
눈동자의 색깔이 달라서가 아니라,
눈동자 내부의 모양이나 기능에서
차이가 나기 때문이야.

알고 있니?
동물마다 색깔을 다르게 봐.
예를 들어 잠자리는 우리 인간보다 더 많은 색을
볼 수 있어. 또 적외선을 감지하는 데 뛰어난 능력을
가지고 있지. 그네와 미끄럼틀처럼 차가운 물체는
잠자리의 눈에 파란색으로 보이고, 사람의
몸처럼 따뜻한 물체는 붉은색으로 보여.

나는 **사팔눈**이야. 눈동자가 똑바로 있도록 또 정확하게 움직이도록 근육이 도와주질 못해서 사팔눈이 되었어. 그래서 잘 보이는 눈에 안대를 끼면, 다른 쪽 눈의 시력도 좋아지고 사팔눈도 교정할 수 있어.

나는 다른 친구들과 많이 다른데, 흔히 **색맹**이라고 해. 색맹은 망막 원뿔 세포에 이상이 생겨서 몇몇 색깔을 구분하지 못하는 거야. 주로 빨간색과 초록색을 잘 구분하지 못해.

내 눈은 **난시**야. 각막의 굴곡에 이상이 생겨서 눈으로 들어오는 이미지가 약간 흐릿하게 보이는 거야.

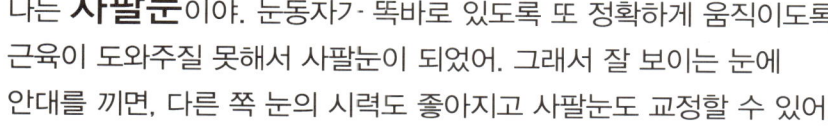

나는 멀리 있는 것은 흐리게 보지만 가까이에 있는 것은 아주 잘 봐. 눈이 사물의 상을 망막에 직접 비추는 것이 아니라 망막 바로 앞에 비추기 때문이야. 이것을 **근시**라고 해. 다행히도 사물을 잘 볼 수 있게 해주는 아주 근사한 발명품이 있지!

난 그 반대야! 내 눈은 사물의 상을 망막 바로 뒤에 비추기 때문에 가까이에 있는 것은 잘 못 보지만 멀리 있는 것은 아주 잘 봐. 이런 현상을 **원시**라고 해.

알고 있니?
얼굴에서 보이는 눈은 눈 전체의 아주 작은 부분이야. 사실 눈의 실제 크기는 탁구공만 하단다.

다양하게 느껴 봐

사람들은 눈으로 볼 수 없으면, 다른 감각을 통해
사물을 봐. 그래서 눈이 보일 때는 반응이 없던
감각들이 훨씬 더 예민해지는 거야.
우리가 어디에 있는지, 누구와 함께 있는지,
무엇을 먹고 있는지를 소리와 감촉과
모양과 냄새와 맛으로 알 수 있지.

앞을 볼 수 없는 우리끼리도 다른 점이 많아!

우리 중에도 완전히 앞이 보이지 않는 사람도 있고, 빛과 어둠을 구별할 수 있는 사람도 있고, 특별한 도움을 받아 사물과 글씨를 보고 사람의 얼굴을 알아보는 사람도 있단다.

앞을 볼 수 없는 우리도 책을 읽을 수 있어.
손가락으로 점자책을 읽는 거야!
눈으로 보는 대신 촉감으로 느끼는 거지.
현재 쓰고 있는 점자는 프랑스 교육자인 루이 브라유가
만들었기 때문에 브라유 점자법이라고 불러.
우리나라에는 1926년 박두성 선생님이 제자들과
함께 만든 '훈맹정음'이라는 한글 점자가 있어.

우리는 네가 이렇게 해주면 좋겠어.

* 내 얼굴을 보면서 말을 해줘.
* 내 곁에 있는 사람이 아니라 내게 직접 말을 해줘.
* 내가 누구와 말을 하고 있는지 알 수 있도록 너를 소개해 줘.
* 말을 꺼내기 전에 먼저 내 이름을 불러줘.
  그래야 나한테 말을 건다는 것을 알 수 있으니까.
* 말 대신 몸짓으로 표현하지 말아 줘.
* 자리를 뜨기 전에 미리 간다고 말해 줘.
* 본다는 말은 서슴없이 해도 좋아.
  그건 우리도 쓰는 말이니까.
* 내가 도와 달라고 하기 전에 미리 도와줄 필요는 없어.
* 내가 도움을 청하면, 내 앞으로 와서
  팔을 내밀어 줘. 내가 잡을 수 있도록.

* 한글 점자

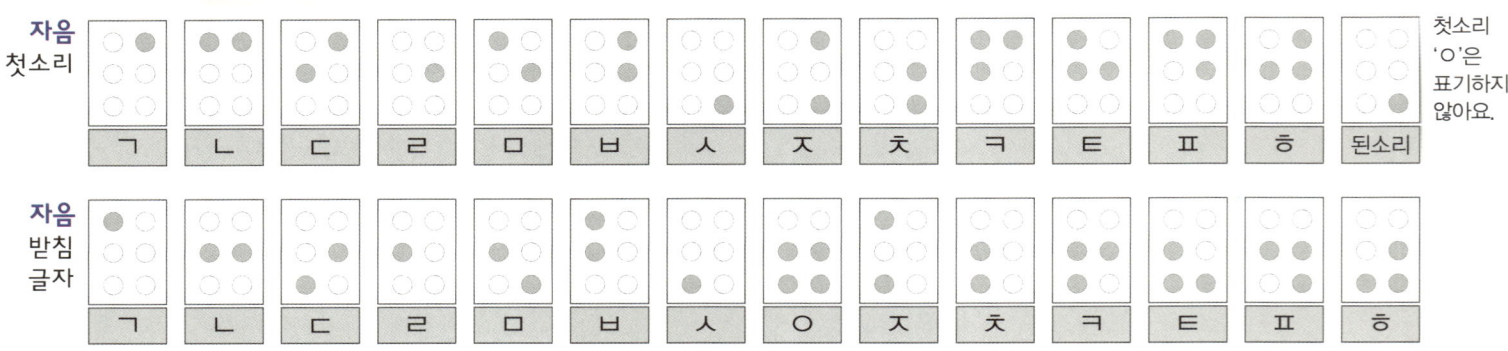

한글 점자를 한번 써볼까?

연습을 더 하고 싶으면, 두꺼운 종이 판지에 점자로 단어를 적어 봐. 점자판을 찍는 송곳으로 판지의 뒷면을 찌르면, 찌르는 곳마다 판지가 튀어나올 거야. 그걸 친구에게 주고 무슨 뜻인지 알아맞혀 보라고 해봐. 참, 돋보기 안에 쓰인 글자는 바로 이거야.

외출할 때 우리는 안내견이나 지팡이 혹은 다른 사람의 도움을 받는 일 중에서 가장 편안한 것을 선택해. 이런 도움과 훈련을 통해 우리 대부분은 특별한 어려움 없이 일상생활을 할 수 있어. 우리에겐 주변이 잘 정리되어 있고, 문과 창문이 열려 있거나 닫혀 있는 것이 아주 중요해. 그래야 물건을 쉽게 찾을 수 있고, 사고를 막을 수 있거든. 그렇기 때문에 주변에 변화가 생기면, 우리에게 미리 알려 줘야 해.

알고 있니?
맹인 안내견이 지나갈 때는 길을 비켜 줘야 해. 안내견의 주의가 흐트러지면 절대 안 되거든. 안내견은 주인과 함께 어디든 갈 수 있어. 그리고 아주 중요한 일을 하고 있어.

뭐라고?

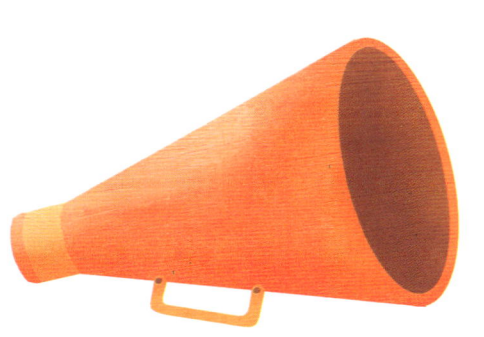

매일 시끄러운 소리를 듣게 되면 청각이 손상된대. 그러니까 소음을 멀리하고 귀를 보호해야 해.

베토벤은 청각 장애인이 되었지만 계속해서 경이로운 음악을 작곡했어. 베토벤이 만든 음악을 지금까지도 즐겨 듣고 있다는 걸 알고 있니?

엄마 배 속에 있은 지 5개월째인데, 여러 가지 소리가 들리기 시작해. 엄마의 심장 뛰는 소리, 꾸르륵 장이 내는 소리, 엄마의 목소리. 그리고 다른 사람의 목소리도 들려. 누굴까?

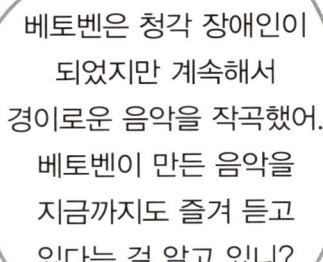

나는 음악 듣는 것을 아주 좋아해. 그래서 청각을 보호하고 아주 오~랫동안 음악을 즐기기 위해 늘 보호 필터가 있는 이어폰을 써! 이어폰은 외부의 소음을 제대로 차단하지 않기 때문에 음악을 들으려면 소리를 많이 키워야 해. 나는 귀에 해로울 수 있기 때문에 소리를 많이 키우지 않아!

청각 장애인들은 눈과 몸을 통해 소리를 들어. 눈으로는 입술을 읽고, 몸으로는 소리의 진동을 느낄 수 있어.

나는 어떤 음을 들으면, 그 음이 어떤 음인지 바로 알 수 있어. 이것을 '절대 음감'이라 불러. 전문가들은 이런 재능이 2살~4살에 생긴다고 해.

귓가에서 폭죽이 터졌어. 아무 소리도 안 들려!

오른쪽 귀가 음악과 노래에 더 민감하다는 연구 결과가 발표됐대.

왼쪽 귀는 말소리에 더 민감하대.

10명 중 1명꼴로 청각에 이상이 있대. 알고 있니?

옛날에는 뭐든 잘 들렸는데 날이 갈수록 잘 안 들려. 늙어서 그런 거래. 다행히 손자들이 또박또박 말을 해주니 아주 좋아.

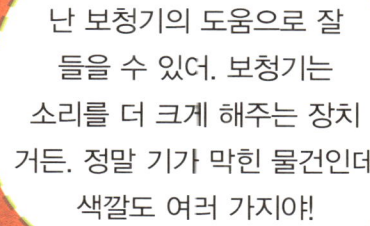

난 보청기의 도움으로 잘 들을 수 있어. 보청기는 소리를 더 크게 해주는 장치거든. 정말 기가 막힌 물건인데 색깔도 여러 가지야!

✱ 다양하게 느껴 봐

수화

우리 모두는 의사소통하는 능력을 가지고 태어나서, 우리 사회의 언어를 조금 조금씩 배우게 돼. 말로 의사소통을 할 수 없을 때는 손짓으로 의사소통을 해.

내 이름을 알아맞혀 봐!

네 이름도 수화로 말해 봐.
우리끼리는 굳이 이름을 부르지 않아.
그건 너무 길거든. 우리에게는 각자 암호가 있어. 이렇게 코를 만지는 건 내 암호야.
그래서 날 부를 때는 이 암호를 쓰면 돼.

암호가 더 빨라, 안 그래?

마르타는 청각 장애인이야. 마르타와 오빠는 수화로 대화를 해.
오빠가 수화를 배웠거든. 하지만 후안은 수화를 할 줄 몰라.
다행히 마르타는 많은 청각 장애인들처럼 입 모양을 읽을 줄 알아.
후안은 마르타와 대화를 할 때면 이렇게 해.

✓ 마르타와 말을 하고 싶을 때는, 마르타의 어깨를 만진다.
✓ 절대 손으로 입을 가리지 않는다.
✓ 절대 마르타의 등 뒤에서 말을 하지 않는다. 언제나 그 애 앞에서 말을 한다.
✓ 말을 할 때는 입에 아무것도 넣지 않는다.
✓ 말은 가능한 한 간단하게 하고, 이미 한 말을 자꾸 되풀이하지 않는다.
✓ 말을 할 때는 발음을 정확하게 한다.

수화도 나라마다 달라

바르셀로나에 사는 사람과 서울에 사는 사람이 수화로 대화할 수 있을까? 두 사람은 서로의 말을 이해할 수 없어. 보통 언어와 마찬가지로 수화 역시 나라마다 다르거든.
이 세상에는 적어도 50개의 수화가 있어. 게다가 사투리도 있어서, 같은 나라 안에도 여러 개의 수화가 있단다.

수화가 있긴 하지만 우리는 얼굴 표정으로 말하기도 해. 후안에게 사랑한다고 말하고 있는 마르타처럼 말이야.
하지만 단어를 말해야 할 때도 있어. 그럴 땐 이렇게 손으로 말을 해.

만지고 느끼기

밥을 먹으려고 집는 숟가락, 다리 꼬집기, 친구의 포옹, 등에 집어넣은 얼음, 이런 것들을 느끼게 해주는 건 무엇일까? 피부를 통해 퍼져 나가는 촉감은 우리에게 아주 많은 정보를 줘. 피부는 아주 중요해. 우리 몸속에 있는 것들을 덮어주고 보호해 주거든. 믿기지 않겠지만, 피부도 신체 기관이야. 우리 몸에서 가장 큰 기관이지.

우리 몸에서 가장 민감한 부분은 어디일까?

바로 혀끝이야. 실험을 해보면, 손가락 끝보다 혀가 점자를 더 잘 느낀대. 혀 다음으로 민감한 부분은 어디일까? 손가락 끝, 입술, 손바닥, 발바닥이야.

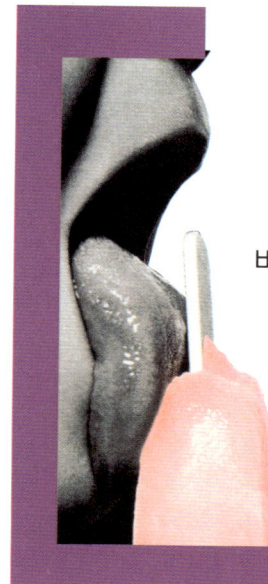

나는 느끼지 못해

피부에는 외부의 감각을 받아들여서 뇌로 전달해 주는, 감각 수용 세포가 있어. 이 세포와 뇌를 연결하는 신경이 다치게 되면, 감각을 느낄 수가 없어. 그럴 경우 다치지 않고 잘 지내려면 다른 감각의 도움이 필요해. 특히 시각의 도움이 중요하지.

야야!

우리는 피부를 통해 수없이 많은 감각을 느껴. 피부에는 감각을 느끼는 데 특화된 세포들이 너무나 많거든. 이런 세포를 감각 수용 세포라고 하는데, 촉감을 느끼는 전문 세포야. 또 통증을 느끼는 세포도 있고, 뜨거움이나 차가움을 느끼는 세포도 있어. 무언가에 스치거나 찔렸을 때, 아니면 햇빛을 쬐일 때, 아이스크림을 먹을 때, 이 세포들이 뇌에 신호를 보내서 아픔, 목마름, 차가움을 알려 줘.

촉감을 통해서도 감정을 나눌 수 있어. 쓰다듬기, 입맞춤, 포옹은 기분을 좋게 해주는 선물이지. 맞다! 간지럼도 느낄 수 있구-ㄴ! 너는 몸 어디에 간지럼을 많이 타니? 많은 포유동물, 특히 개와 돌고래도 간지럼을 탄다는 걸 알고 있니?

다양하게 느껴 봐

피부에 사는 친구들

피부는 3개의 층으로 되어 있어.
그 3개의 층을 각각 표피, 진피,
피하조직이라고 불러.
그 밖에 피부와 연결된 머리카락, 손톱,
피지선 및 땀샘 같은 것들을
'부속 장기'라고 불러.

점 *

우리 몸에 있는 점은 색소 세포가 모여서
만들어진 거야. 점은 모양과 크기와 조직이
다양한데 몸 어디에나 생길 수 있어.
점은 10살~40살에 가장 많이 생겨.
네 몸에는 점이 몇 개나 있니?

점

모기 물린 자국

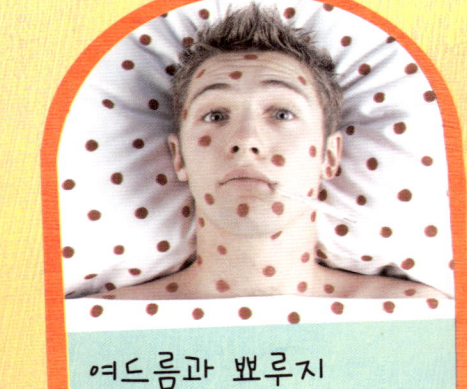
여드름과 뾰루지

모기야, 날 괴롭히지 마!

✻ 모기 물린 자국

모기의 암컷은 배 속에 품은 알들을 키우기 위해 산란기가 되면 피를 빨아 먹어. 모기는 침을 이용해서 사람의 피부를 뚫은 다음, 빨아 먹기 쉽도록 피를 더 묽게 만들어서 빨아 먹어. 모기 물린 데가 가려운 것은 바로 이 침 때문이야.

✻ 딱지

몸에 상처가 나면, 혈소판이라고 하는 특별한 세포가 마치 접착제처럼 상처 난 부위에 붙어서 피를 멎게 해. 그리고 상처가 아물면 딱지가 생기게 되지. 딱지는 상처에서 피가 나는 것을 막고, 병균이 들어오지 못하도록 하는 보호 붕대인 셈이야. 게다가 상처 난 피부가 아무는 걸 돕기도 해. 우리 몸에 남아 있는 흉터를 보면 우리가 어떤 일을 했는지를 알 수 있어. 그러니까 **흉터가 우리의 역사를 말해 주고 있는 거지!**

✻ 멍

무언가에 부딪히면 혈관이 터지면서 피가 나와. 살갗 속에서 피가 터져서 맺히면 퍼런 멍이 생겨. 하지만 우리 몸은 재빨리 다친 곳을 치료한단다. 멍은 처음에는 시퍼런 색이었다가 녹색과 노란색으로 변한 뒤 완전히 사라져.

✻ 여드름과 뾰루지

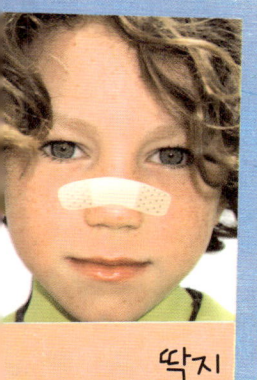

피부는 모공이라고 하는 아주 작은 구멍들로 가득 차 있어. 이 모공에 기름을 분비하는 피지선이 있지. 모공에 기름이 지나치게 많으면, 모공이 막혀서 여러 모양의 여드름이 생기는 거야.

냠냠~ 할머니의 손맛이 그리워!

코에는 우리 주변의 냄새를 암호로 바꾸어 뇌에 전달하는 2천만 개의 후각 세포가 있어. 뇌에서 후각을 관장하는 부분과 기억을 관장하는 부분은 매우 가까이 있어서, 어떤 냄새를 맡으면 아주 오래 전의 기억과 감정이 되살아나기도 해.

태어나는 순간 가장 발달된 감각은 후각이야. 그래서 갓난아이들은 가까운 곳에서 엄마 냄새가 나면 엄마가 안아줄 때까지 계속 보채는 거야.

후각 감정 백만 개 냄새 뇌

코는 백만 개가 넘는 향을 구별할 수 있어. 감기에 걸리면, 마치 집게로 막아 놓은 것처럼 코가 막히고 숨을 쉴 수 없게 돼. 그렇게 되면 후각 세포가 제대로 일을 할 수가 없어서, 우린 아무 냄새도 못 맡아!

알고 있니?
프랑스 작가 마르셀 프루스트의 『잃어버린 시간을 찾아서』란 소설을 보면 주인공이 홍차에 적신 마들렌의 향을 맡으며 어린 시절 기억을 떠올려.

✱ 다양하게 느껴 봐

재미있는 실험을 해보자.

무언가를 먹을 때, 코를 막고 맛을 보렴.
그다음에는 코를 막지 말고 맛을 보렴.
맛이 서로 다르지?
코와 맛이 무슨 상관이냐고?
상관있지! 코와 입은 서로 연결되어 있어.
그래서 입에 무언가를 넣으면,
혀로 맛을 볼 뿐만 아니라,
음식의 냄새가 코까지 올라가서
더 많은 정보를 전해 주는 거야.

맛을 보자!

심심해? 그럼 요구르트 병을 여러 개 준비한 다음, 그 안에 설탕, 잼, 소금, 레몬 가루, 후추 등을 넣어 봐. 이제 친구의 눈을 가리고 숟가락으로 조금씩 맛을 보게 하는 거야. 단, 아주 조금씩만!

친구가 무슨 맛인지 알아맞혔니? 어떤 맛을 볼 때,
향이 강한 다른 음식을 코앞에 갖다 대면 어떻게 될까?

궁금하지?

알고 있니?

아주 뜨거운 음식을 먹어서 혀를 데면 며칠 동안 맛을 느끼지 못할 수도 있어. 또 뇌에서 후각을 관장하는 부위를 다치면 아주 오랫동안 혹은 완전히 미각을 잃을 수도 있어. 이런 경우에는 기억으로밖에 맛을 되살릴 수 없지. 그리고 담배와 약도 미각을 잃게 할 수 있어.

우리의 혀는 기본적으로 4가지 맛을 느껴. 단맛, 짠맛, 쓴맛, 신맛. 혀는 이렇게 4가지 맛을 구별해 낼 수 있어.

쓴맛
짠맛
신맛
단맛

혀에는 맛을 느낄 수 있는 맛봉오리가 만 개 넘게 있어.

* 다양하게 느껴 봐

아빠, 엄마, 아이들

우리 모두는 누군가의 아들 아니면 딸이야. 우리는 대부분 가족의 품에서 태어나서 보호받고 사랑받아. 또 우리는 가족을 통해 대화하는 법을 배우고, 관계를 배우고, 우리의 권리와 의무가 무엇인지를 배워. 그러면서 어른이 될 준비를 하는 거지.

> 나는 덴마크에 살고 있는데, 아빠가 둘이야. 우리 아빠는 둘 다 동성애자인데 내가 갓난아이였을 때 나를 입양하셨어.

> 나는 나를 돌봐 주고 사랑해 주는 가족의 품에서 태어났어.

넌 누구랑 살고 있니?

이 세상에는 다양한 형태의 가족이 있어.
어떤 곳에서는 '핵가족'이 대부분인데,
'핵가족'은 아빠와 엄마와 아이들만
함께 사는 가족을 말해.

루시아는 엄마와 단둘이 살아.

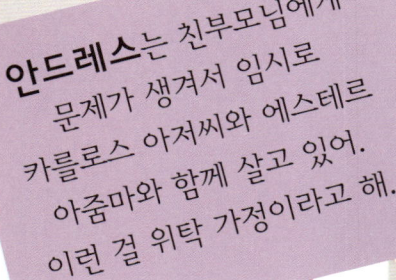

안드레스는 친부모님에게 문제가 생겨서 임시로 카를로스 아저씨와 에스테르 아줌마와 함께 살고 있어. 이런 걸 위탁 가정이라고 해.

호세는 집시인데, 할아버지와 부모님, 삼촌, 형 네 명과 형수들과 함께 살고 있어. 삼촌과 사촌들도 바로 옆집에 살아. 모두가 한 가족이면서 같은 가문이야.

실버와 동생 **클라우디오**는 아빠와 새엄마와 새엄마의 딸과 함께 살고 있어. 이젠 대가족이야.

페드로는 친구인 맥스와 함께 살아.

아리아수와 **지로**는 아이를 낳지 않고 단둘이 살기로 했어.

자이다는 엄마와 두 오빠와 함께 사우디아라비아의 작은 도시에서 살고 있어. 자이다의 아빠는 그들과 항상 같이 있지 않아. 가까운 도시에서 다른 부인과 두 아들과 함께 살고 있거든.

넌 누구랑 살고 있니? 여기에 가족사진을 붙이거나, 그려 봐.

✱ 다양한 가족   65

변화

우리 자신과 주변의 모든 것은 늘 변해.
우리 가족들에게도 변화가 일어나.

마르티나는 곧 동생이 생길 거라는 얘기를 듣고는 별로 좋아하지 않았어. 언제나 부모님의 관심을 독차지하던 자신이 관심을 받지 못하게 될까 봐 걱정했거든. 그런데 막상 아기가 집에 왔을 때, 마르티나는 너무너무 기뻤어. 물론 부모님이 예전보다 자신에게 더 관심을 덜 갖는 것 같긴 했지만, 그래도 지금 하는 일이 너무너무 즐겁거든.

다빗은 부모님이 헤어진다는 얘기를 듣고 많이 울었어. 아빠가 집을 떠나면 자신을 더 이상 사랑하지 않을 거라고 생각했거든. 하지만 지금 다빗은 집이 두 군데나 있고, 부모님이 변함없이 자신을 사랑할 수 있다는 걸 알게 되었어. 이제는 이런 새로운 생활에 만족하고 있어.

기쁠 때도 있지.

슬플 때도 있고.

간혹 이런 변화가 슬플 때도 있어.

이제 아빠, 엄마, 니콜, 동생들까지 여섯 식구 모두가 다시 함께 살 거야. 니콜은 부모님과 함께 있고 싶지만 두렵기도 하고 혼란스럽기도 해. 할아버지와 할머니, 삼촌들, 사촌들, 클라라와 마리아와도 헤어지고 싶지 않거든. 그리고 낯선 나라에 적응해야 한다는 것도 알고 있어. 니콜이 살던 곳과는 말도 다르고, 행동하는 방식도 다르겠지. 게다가 부모님과 헤어지고 많은 시간이 흘렀어. 가족들이 다시 함께 살면 어떤 기분일까?

니콜의 부모님은 일자리를 찾아서 다른 나라로 이민을 가셨어. 그리고 자리를 잡은 뒤에 니콜을 데려가려고 했어. 부모님과 헤어질 때 니콜은 몹시 힘들었지. 그렇지만 시간이 지나고 조금씩 집안 형편이 좋아지자 부모님은 니콜을 불렀어. "니콜아, 동생들을 함께 데리러 가마. 할아버지, 할머니랑 헤어져 있는 것도 많이 섭섭이야."

심지어 계절이 바뀌면 입던 옷도 작아지고 나뭇잎의 색깔도 변해.

대표적인 예가 하늘과 바람이 들판이지.

하지만 변하지 않은 것도 있어. 그게 뭔지 아니?

너라면 니콜에게 무슨 말을 해줄 것 같아? 니콜이 잃는 것은 무엇일까? 또 얻는 것은 무엇일까?

새로운 환경에 적응하는 일은 힘들지만, 우리는 그 과정에서 많은 것을 배울 수 있어.

다양한 가족

함께 살아가기

사회는 여러 사람들이 서로 도와가며 함께 살아가는 곳이야.
한 사회의 구성원들은 같은 장소에서 살아가며, 같은 언어를 사용하고,
서로의 습관과 생각을 함께 나눠.

사회(Society)란 말은 라틴어의 societas에서 생겨난 말로, '타인과의 평화로운 사귐'을 뜻해.

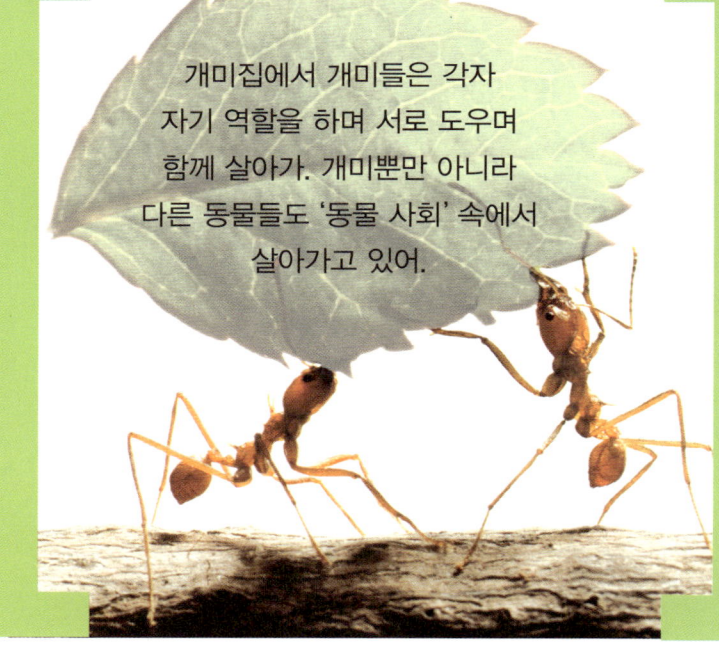

개미집에서 개미들은 각자 자기 역할을 하며 서로 도우며 함께 살아가. 개미뿐만 아니라 다른 동물들도 '동물 사회' 속에서 살아가고 있어.

사회는 다양하게 구성되어 있어. 네가 살고 있는 사회가 어떻게 구성되어 있는지 알고 있니?

아기는 혼자서 살아갈 수 없어.
부모나 다른 사람들의 보살핌을
받으며 커 나가지.
그리고 좀 더 커서는
사회 속에서 많은 사람들을
만나며 성장해 나가.
이렇게 우리는 서로
도와가며 함께 살아가.

사회는 함께 살아가기 위해 만들어진 거야.

알고 있니?
우리의 행동이나 생각은 오랜 시간에 걸쳐
이어져 온 것들이야. 사회 속에서 계속
전해 내려온 언어, 종교, 가치관 및 습관은
'풀'처럼 사회를 하나로 묶어 줘.

다양한 사회

「법」

어린이이나 어른이나 모두가 재미있으려면, 규칙을 지켜야 해. 사회도 마찬가지야!

법을 논의하고 만드는 곳을 나라마다 다른 이름으로 불러. '엽방의회'라고 부르는 나라도 있고, 국회라고 부르는 나라도 있으며, 중의원과 '참의원'이라고 부르는 나라도 있어.

모든 법이 공평한 것은 아니야. 어떤 나라에서는 법이 몇몇 사람들의 특권을 위해 사용되기도 하거든.

법은 나라마다 다르지만, 똑같이 중요해. 왜냐하면 옳은 짓과 그른 짓을 구분하는 기준이 되기 때문이야.

새로운 법을 만들려면, 아주 많은 사람들이 의논하고 찬성해야 해.

나랑 무슨 상관이야!

모든 사람은 존중받을 권리와 다른 사람을 **존중할 의무**를 가지고 있어.

그럼에도 불구하고 우리는 매일 다른 사람의 권리를 존중하지 않는 상황을 보게 돼.

서로를 존중하지 않기 때문에 학교에서는 **왕따**가, 집에서는 **학대**가, 직장에서는 **폭력**이, 사회에서는 **독재**가 생겨나고, **불안, 불신, 슬픔**이 자라나.

존중의 돋보기로 주위를 바라봐. 다른 사람을 무시하는 상황이 보여? 오늘은 어느 신문에서 봤니?

[*] **내가 먼저 밟지 않으면 밟히는 거야.**
힘으로 누르면 다들 따라오게 되어 있어.
그냥 잠깐 장난으로 하는 건데, 뭐!

친구를 괴롭히는 일에 절대 끼지 않을 거야.
그러면 그 일이 계속될 테니까.
내가 존중받으려면
남을 먼저 존중해 주어야 해.

왕따, 어떻게 하지?

제발 이러지 마.
이 세상에 괴롭힘을 당해도 되는
사람은 없어.
이제 누군가에게 도움을 청해야겠어.

그만해!
친구를 괴롭히면 안 돼.
계속 이러면 가만있지 않을 거야.

다양한 사회

야무와 마리에

내 이름은 야무야, 난 10살이고, 아프리카에 있는 우간다에 살아. 내가 태어났을 때 우리나라에 전쟁이 일어나서 아버지와 오빠 셋이 모두 죽었어.

 우간다 정부와 LRA 반군 사이의 전쟁이 20년 이상 지속되면서 우간다는 가난한 나라가 되었어. 다행히 2007년 정부와 반군 사이에 평화 협상이 시작되었지.

 전쟁은 어른들이 이끌지만 '군대'는 대부분 어린이들로 구성되어 있어. 어른들은 밤이 되면 마을의 어린이들을 납치하여, 명령에 복종하지 않으면 죽인다고 협박하면서 전쟁터로 내보내고 있어.

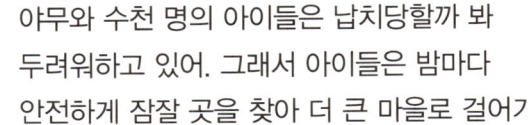 야무와 수천 명의 아이들은 납치당할까 봐 두려워하고 있어. 그래서 아이들은 밤마다 안전하게 잠잘 곳을 찾아 더 큰 마을로 걸어가.

 우간다의 '어린이 군인'은 아주 가난한 집에서 태어난 아이들이며, **교육의 기회를 받지 못하고 있어.**

 이 아이들은 왜 싸워야 하는지도 모르는 채 어른들이 벌인 전쟁에 나가 싸우고 있어. 함께 놀고 학교에 가야 하는 다른 아이들을 증오하도록 강요받으며 말이야.

무장단체 혹은 군대에 소집되거나 강제로 끌려간 어린이들이 전 세계에 25만 명이 넘어.

어린이 군인 가운데 40퍼센트는 여자아이야. 다행히 2001년까지 9만 5천 명의 어린이들이 재활프로그램을 받았어.

처음에는 횃불을 드는 일을 맡았어.
그다음에는 수류탄 사용법을 배웠고, 한 달이 채 지나지 않아
이미 AK47과 G3 소총을 들게 되었어. ㅡ부룬디의 조지

죽이고 또 죽이는 것을 보면서 사람에 대한
감정이 사라져 갔어. ㅡ시에라리온의 오스카

내 이름은 마리에야. 난 10살이고 캐나다 몬트리올에 살고 있어.
몬트리올은 다문화 도시라서, 2가지 언어를 사용해.
나는 지금 국립학교에 다니고 있는데, 불어와 영어를 할 줄 알아.

* 겨울이 되면 마리에는 몬트리올의 '지하 도시'에서 많은 시간을 보내.
  겨울이 너무 추운 몬트리올에는 도시 지하 곳곳에 30킬로미터나 되는
  길이 뚫려 있어. 그리고 그 길가에는 많은 상점들이 있어서 도시의 기온이
  영하 25도나 떨어져도 추위 걱정 없이 쇼핑도 하고 산책도 할 수 있어.

* 캐나다는 여러 **민족, 언어, 종교**가 평화롭게 공존하는 나라야.
  캐나다에는 캐나다 사람 외에도 아프가니스탄, 보스니아, 수단,
  엘살바도르, 시에라리온 등 여러 나라에서 온 사람들이 살고 있어.
  캐나다가 전 세계 난민들을 받아 주고, 난민들에게 새로운 삶과
  교육과 일자리와 평화를 누릴 수 있는 기회를 주기 때문이야.

* 밤이 되면 마리에는 부모님과 저녁 식사를 하고 나서 잠자리에 누워.
  창밖으로 소리 없이 눈이 내리는 가운데 마리에는 평화롭게 잠을 잔단다.

다양한 사회

권리가 뭐 있지?

세상의 모든 아이들이 누려야 할 권리들엔 어떤 것이 있을까? 모두가 건강하고 행복하게 살고 있을까?

* 차별받지 않고 평등할 권리

* 건강하게 자랄 권리

* 교육을 받을 권리

* 놀 수 있는 자유 시간을 가질 권리

* 자유롭게 표현하고 의견을 주장할 권리

* 폭력과 학대를 받지 않을 권리

* 전쟁이나 자연재해 등으로 난민이 되었을때 보호받을 권리

* 노동 착취와 성폭력으로부터 보호받을 권리

* 부모의 보호를 받을 권리

* 몸과 마음에 장애가 있을 때 관심과 보호를 받을 권리

이 권리들은 1989년 유엔에서 발표한
'아동권리협약'에 나오는 내용을 정리한 거야.
이 협약에 대해서 들어 본 적 있니?
혹시 들어 보지 못했다면 인터넷에서 찾아봐.
그리고 아이들이 많이 보는 곳에 붙여 놓으렴.
우리가 어떤 권리를 가지고 있는지를
배우는 일은 아주 중요하거든.

모든 어린이들은
존중받으며 자라야 해.
어릴 때부터 존중을 받고
자란 아이들은 커서도 다른 사람을
존중하는 사람이 될 수 있어.

전 세계 거의 모든 나라가
'아동권리협약'을 지키겠다고 약속했어.
그렇지만 안타깝게도 실제로는
잘 지키지 못하고 있어.

다양한 사회

학교 가자!

<mark>학교는 아주 중요한 곳이야.
읽고 쓰고 셈하는 법뿐만 아니라</mark>
다른 사람들과 함께 살아가는 법도 배우거든.
매년 수백만 명의 아이들이 학교에 입학하지만,
불행히도 모든 나라에서 다 그런 것은 아니야.
가난한 나라의 아이들은 가정 형편이 어려워서,
어릴 때부터 학교를 그만두고 일을 시작하거든.

2007년 9월 1일, 팔레스타인 가자 지구의
알-샤티 난민촌 학교의 입학날.

2007년 3월 29일, 폭격당한
바그다드의 자밀라 학교.

수단의 니알라,
오타 들판에 임시로 세운 학교에 모인 아이들.

2007년,
초등학교에 들어가야 할
전 세계 7천2백만 명의
어린이들이 학교에 가지 못했다.
_ 유네스코

> **알고 있니?**
> 이 세상에는 글을 읽고 쓸 줄 모르는 어른들이 7억 8천만 명이나 있어. 글을 읽거나 쓸 줄 모르는 것을 문맹이라고 해.
> 문맹은 많은 문제를 낳는단다. 문맹인 어른들은 읽고 쓰는 것 외에도 사회가 어떻게 돌아가는지를 비롯해 학교에서 배워야 할 모든 것을 배우지 못했거든.

프랑스의 어느 학교 교실.

다양한 사회

모든 사람들이 자신의 직업을 마음대로 선택할 수 있을까?

직업을 선택할 때는 태어난 나라, 가족, 사명, 공부, 운에 많은 영향을 받아.

많은 가난한 사람들이 교육의 기회를 얻지 못해서, 직업을 선택할 자유도 갖지 못해.

그런 사람들에게 직업은 먹고살기 위해 돈을 버는 수단일 뿐이야.

일하고 싶어도 일자리를 구하지 못하는 사람들도 있어.

이런 사람들이 많아지는 현상을 실업이라고 하는데, 많은 나라에서 실업률이 높아져서 문제야.

엄마는 일하는 중

따르릉!!!!
따르릉!!!!

어떤 직업을 머릿속으로 떠올린 다음
말없이 동작으로만 설명해 봐.
그리고 친구들에게 무슨 직업인지
알아맞혀 보게 하는 거야.
알아맞혔니?
알아맞히는 사람이 다음으로
설명하는 거야.
흔하지 않은 직업도 한번 설명해 보렴.

티나의 엄마는 바이올린 연주자야.
오케스트라에서 연주를 하기 때문에 여행을 많이 다녀.
그래서 티나는 할아버지와 할머니와 함께 지낼 때가 많아.

후안과 알마의 아빠는
4개월은 바다에 있는 석유굴착기에서 일하고,
2개월은 집에서 쉬어.

마르가리타는 네스토르를 돌보면서 청소 도우미 일을 해.
공부는 계속할 수가 없었어. 마르가리타는 이렇게
버는 돈을 시골에 사는 부모님과 동생들에게 보내.

네스토르의 엄마와 아빠는
서로 다른 회사에서 하루 종일 일해.
그래서 아침에는 잠깐 얼굴을 볼 뿐이고,
밤과 주말이 되어서야 함께 지낼 수 있어.

라우라의 엄마는
병원 응급실에서 일하는 간호사야.
교대로 일을 하기 때문에
밤에 일할 때도 있어.

오를란도의 아빠와 삼촌은 벽돌 쌓는 일꾼인데,
지금은 다리 건설 현장에서 일하고 있어.
두 사람은 해 뜨기 전에 출근해서 밤에 퇴근해.

✱ 다양한 사회　81

우리는 부자일까?

빅맥 햄버거 하나를 사려면 얼마나 일을 해야 할까?

- 도쿄　　　　　12분
- 뉴욕　　　　　14분
- 파리　　　　　20분
- 모스크바　　　21분
- 서울　　　　　27분
- 부에노스아이레스　57분
- 보고타　　　　58분
- 마닐라　　　　88분
- 멕시코시티　　129분
- 나이로비　　　158분

부와 가난은 상대적인 거야. 우리나라에서 가난한 것과, 미국이나 인도에서 가난한 것은 똑같지 않거든. 어떤 나라에서는 당장 먹을 음식을 살 돈도 없는 사람들이 있어. 이런 경제적인 불평등은 나라 사이에서만 있는 것이 아니라, 한 나라 안에서도 있어.

전 세계 2억 5천만 명의 어린이들이 먹고살기 위해 일을 하고 있어. 어린이 12명 중 1명이 말이야!

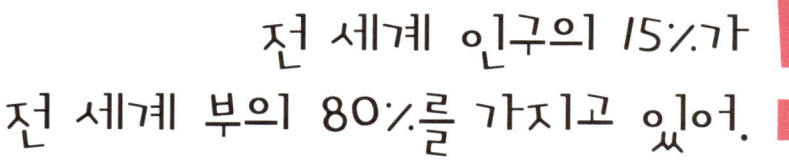

전 세계 인구의 15%가 전 세계 부의 80%를 가지고 있어.

우리 모두는 부자야

경제적인 풍요가 다는 아니야. 다른 부도 있을 수 있어. 예를 들어 다양한 생물이 살고 있는 나라는 자연이 부유한 나라이고, 서로 다른 문화가 섞인 나라는 문화가 부유한 나라야. 창의력도 있어. 창의력은 국적도 없고 국경도 없지. 그렇지만 전화, 자전거, 아이스크림, 양말 같은 위대한 발명품들을 만들어 낸단다.

12억 명의 사람들이
하루에 1달러도
안 되는 돈으로 살아가고 있어.

1달러는 우리 돈으로
약 1,150원이야.
1,150원으로 몇 사람이
먹을 음식을 살 수 있을까?

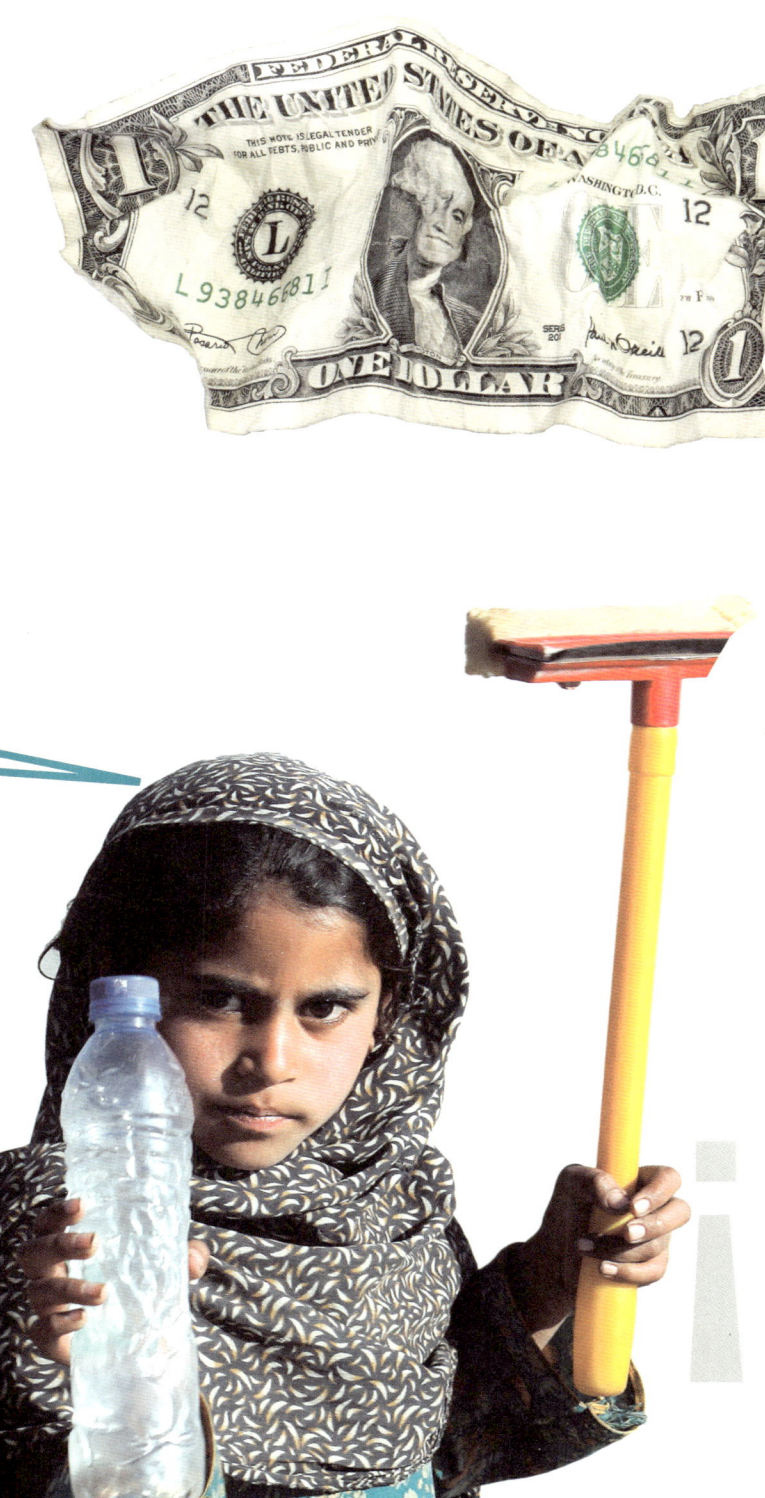

경제적으로 발전해서 먹을 것이나
입을 것에 대해 어느 정도
걱정이 없는 나라에서는 새로운 욕구가 생겨.
예를 들면 물건을 살 때,
어느 상표인지를 더 중요하게 생각하기 시작하는 거지.

* 다양한 사회

이거 사줘요!

너는 필요한 것을 다 갖고 있니?

돈이 어떻게 쓰이는지를 보면 그 사회가 어떤 사회인지를 알 수 있어. 먹는 것, 입는 것 같은 기본적인 욕구가 충족된 사회에서는 '거짓 욕구'가 나타날 때가 많아. 그래서 필요하지 않은 것도 사게 되지. 이런 사회에서는 필요한 것과 필요하지 않은 것의 차이점을 배우고, 저축하는 법을 배우고, 함께 나누는 것을 배워야 해.

돈은 우리가 원하는 물건을 살 수 있게 해주고, 하고 싶은 일들을 할 수 있게 해줘. 하지만 돈이 삶의 전부는 아니야. 우정, 재능, 기쁨, 정의처럼 돈으로 살 수 없는 것들도 있거든.

소비 사회는 광고를 통해 거짓 욕구를 만들어 내. 꼭 필요하지 않은 물건도 사야 할 것처럼 만들거든. 광고는 아이들을 중요하게 생각해. 아이들이 미래의 소비자이며, 부모와 친구들이 물건을 살 때 영향을 미친다는 것을 알고 있기 때문이야.

공정무역은 모든 제품에 정당한 가격을 지불하려는 양심적이고 협력적인 소비 운동이야. 공정무역은 쓰레기가 적게 나오는 포장이나 재활용 포장지를 사용하도록 권장하고 있어. 그리고 아동 노동을 반대하는 운동을 벌이고 있어.

공정무역

갖고 있는 것이 다 필요하니?

다양한 사회

떠나야 해

사람들이 이민을 가는 이유는 여러 가지가 있어.

인도네시아 반다아체에서 발생한 쓰나미

자연 재해

전쟁

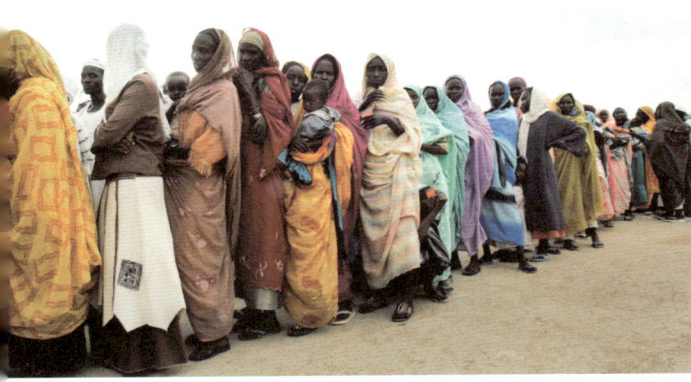

수단의 다르푸르 분쟁

종교나 인종 차별

코소보 분쟁

실업

가난

새로운 일자리

수백만 명의 사람들이 더 나은 삶을 찾아 삶의 터전을 옮기지만,
더 나은 삶을 찾지 못할 때도 많아. 이렇게 자기 나라를 떠나
다른 나라로 옮기는 것을 이민이라고 불러.

2006년에는 1억 9천만 명의 사람들이 조국이 아닌 다른 나라에서 살고 있었어.

낯선 곳에 가서 산다는 것은
쉬운 일은 아니야.
대부분 많은 변화를 겪게 되지.

우리나라에도 다른 언어를 쓰고, 다른 음식을 먹고,
다른 풍습과 종교를 가지고 있는 사람들이 살고 있어.
그 사람들에게 우리나라에 대해 이야기해 주고
우리도 그 나라에 대해 이야기를 들으면 어떨까?

다양한 사회

문화

문화는 우리가 살아가는 모든 방식을 뜻해.
어떤 생각을 하는지, 어떤 언어를 사용하는지, 사람들과 어떻게 사귀는지부터 먹는 음식, 듣는 음악, 옷을 입는 방식까지 모두 문화야. 문화는 하나로 정해진 것이 아니라, 날마다 변해. 그리고 가족과 사회를 통해 다음 세대로 이어져 나가.

우리의 문화가 유일한 문화고, '가장 좋은 문화'라고 생각한 적 있니? '정상'이다 싶은 그렇지 않아. 전 세계에는 다양한 문화가 존재하고, 모든 문화가 똑같이 소중해

우리 모두에게는 남들과 다른 자신만의 정체성이 있어. 이 정체성은 다양한 모습을 하고 있어. 그리고 본질은 변하지 않지만 살아가면서 여러 경험을 통해 조금씩 변하기도 해.

우리의 문화와 정체성이 아무리 달라도 우리는 많은 가치관을 공유하고 있어. 예를 들면, 평화, 자유, 정의 같은 것이 있지. 다양성을 존중한다는 것은 다른 사람들과 똑같은 생각을 한다는 뜻이 아니야. 그건 서로 다르다는 것을 인정하고 함께 어울리는 것을 말해. 다르다는 것을 인정하면 자신의 정체성을 잃지 않고 다른 사람들과 하나가 될 수 있어. 그런 열린 마음은 서로 다른 문화를 가진 사람들을 이어 주는 튼튼한 다리가 될 거야.

같이 어울려 살기

킬라마는 지하철역에서 지갑을 발견했어. 경찰에게 그 지갑을 주자, 경찰은 킬라마가 그 지갑을 훔쳤다고 의심했어. 킬라마의 피부색이 자신과 다르고 말의 억양도 다르기 때문이야.

이 세상에는 여러 차별이 있어. 그중 하나가 인종 차별이야. 인종 차별은 어느 한 인종이 다른 인종보다 우월하다는 그릇된 믿음에서 생겨난 거야.

한데 어울려 살면 더 풍요로워져. 우리 모두는 부모님의 만남으로 태어난 소중한 사람이니까.

다른 사람을 차별하는 것은 두려움 때문이야. 그리고 그 사람의 문화와 삶의 방식을 이해하지 못하기 때문이지. 대체로는 편견 때문이란다.

역사를 살펴보면
인종 차별은 노예 제도나
종족 학살 같은
불평등한 일들을
정당화하는 데 이용되었어.

소라야하고 레일라는
거리에서 거북한 소리를
들을 때가 종종 있어.
두 사람은 자신의 문화에
따라 얼굴과 머리를
가리고 다니거든.

사무엘은 다른 나라에서 온 사람들을 보면
몹시 화를 내. 부모님이 하는 얘기를 들었거든.
사무엘의 부모님은 그 사람들이 이곳
사람들의 일자리를 빼앗고, 나쁜 종교를
가지고 있어서, 이 나라에
오지 않았으면 좋겠다고 생각해.

알고 있니?
인간의 유전자를 연구해 봤더니
모두 같은 인종에서 시작되었대.
인류라는 인종! 하나의 인류가
각기 다른 혈통과 지역으로
나누어진 거지.

다양한 문화 91

세계의 종교들

힌두교는 인도에서 가장 많은 사람들이 믿고 있는 종교야. 힌두교 신자들은 신이 다양한 모습으로 나타난다고 믿어. 그래서 힌두교에는 브라흐마, 비슈누, 시바 같은 여러 신들이 있어.

불교 신자들은 전지전능한 신을 믿지 않아. 부처는 신도 아니고 예언자도 아닌, 그저 '깨달은 사람'일 뿐이야. 불교 신자에게 종교는 고통에서 벗어나게 해주는 삶의 다른 모습이야.

유대교 · 기독교 · 조로아스터교 · 신도교 · 힌두교 · 이슬람교

특별한 신을 믿는 종교도 있고,

이슬람교는 유일신
'알라'를 모셔.
알라는 '신'이라는 뜻이야.
알라의 계시를 받은
예언자 무함마드가
이슬람교를 창시했어.

유대교는 기독교처럼
유일한 신 '여호와'를 모셔.
유대교 신자들은 자신들이
신에게 특별히 선택된
사람들이라고 믿어.

각 종교마다 고유의 축제가 있다는 것을 알고 있니?
다른 종교를 믿는 아이들을 만나 언제, 어떻게,
왜 축제를 여는지 물어보렴.

눈에 보이지 않는 신을
믿는 종교도 있어.

기독교는 예수님의 아버지인
전지전능한 하나님을 믿어.
하나님은 이 세상과
인간을 창조하신 분이고,
예수님은 인간의 모습을 하고 있어.

* 다양한 문화

삶과 죽음을 설명하는 방법도 문화의 일부분이야.
죽음이 삶의 끝이라고 생각하는 곳도 있고,
새로운 삶의 시작이라고 생각하는 곳도 있어.
또 삶과 죽음은 동전의 양면이라고 생각하는 곳도 있지.

삶과 죽음

전 세계에는 삶과 죽음을 위한 많은 축제가 있어.

죽은 자의 날

멕시코에서 매년 11월 1일과 2일은 죽은 자의 날로, 죽은 사람들이 일 년에 한 번 살아 있는 가족과 친구들을 만나기 위해 찾아오는 날이야. 이 날이 되면 많은 사람들이 묘지에 가서 무덤을 청소하고, 비석 앞에 꽃을 놓고, 촛불을 켜놓곤 해. 이 축제는 고대부터 내려온 멕시코 전통 축제야.

봄의 축제

중국의 가장 큰 명절은 음력 1월 1일인 춘절이야. 춘절은 봄이 시작되는 날이라는 뜻이야. 봄이 오면, 자연은 잠에서 깨어나고 들에서도 새로운 계절이 시작돼. 봄의 축제, 춘절은 흩어졌던 가족들을 한자리에서 만나는 아주 중요한 날이야. 거리에서는 나쁜 귀신을 쫓아내는 용과 사자 춤을 추고, 집에서는 새로운 계절을 시작하기 위한 제사를 지낸단다.

알고 있니?
우리 조상들은 해마다 동물의 이름을 붙여 부르곤 했어. 2010년은 바로 호랑이의 해야. 어흥!

다양한 문화

넌 어디 사니?

전 세계 모든 아이들이 똑같은 놀이를 하며 놀까?

세계 곳곳에는 각각의
고유한 기후와 풍경이 있어.
그렇기 때문에 할 수 있는 놀이도
지역에 따라 달라.
눈이 오지 않는 곳에서
썰매를 타거나,
몹시 추운 곳에서
수영을 하는 건
정말 어려운 일이니까.

서로 사는 곳은 달라도 이 세상 모든 아이들에게는 공통점이 있어. 그게 뭔지 아니? **그건 바로 노는 걸 좋아한다는 거야!**

[피에레는 이집트 해변에서 살고 있어. 그래서 거의 1년 내내 맨발로 모래 위를 뛰어다니며 놀아.]

파크품과 반조크는 태국에서 살고 있어.
태국 아이들은 연날리기를 자주 해.
파크품과 반조크도 연날리기를 아주 좋아해.

빙고, 스무고개, 자치기, 칠교 이건 모두 놀이 이름이야.
할 줄 아니? 만약 모른다면 어떤 놀이인지 찾아봐. 아마 놀랄 거야.

줄마와 산드로는 니카라과 호숫가에서 살고 있어. 그래서 수영을 하면서 술래잡기를 해. 그게 두 사람이 가장 좋아하는 놀이야.

니나는 거의 1년 내내 눈이 오는 노르웨이에 살고 있는데, 썰매 타는 것을 아주 좋아해.

어떤 정해진 곳에서만 할 수 있는 놀이도 있어.

하지만 전 세계 아이들은 사는 곳은 달라도 대부분 같은 놀이를 하며 놀아.

물론 그 놀이를 다 다른 이름으로 부르겠지만 말이야.

그 이유가 뭔지 아니?

문화처럼 놀이도 사람들과 함께 여행을 하거든.

그러니까 국경을 넘어서 다른 나라의 문화가 되는 거야.

※ 다양한 문화

나의 하루

마리아와 맥스가 다른 나라나 다른 도시에서 살고 있을 것 같니? 사실은 같은 도시에 살고 있어. 그리고 같은 학교에 다니고 같은 반 짝꿍이야.

같은 곳에 산다고 해도, 하루 동안 하는 일은 많이 다를 수 있어.

마리아는 어느 나라에서 살고 있을까?

19:00   22:00

19:00   22:00

확인해 볼까?
네가 하루 동안 한 일을 네모 칸에 그려 넣고, 그 아래 네모 칸에는 네 친구가 하루 동안 한 일을 그려 봐. 하지만 그 전에 친구와 인터뷰를 해야겠지! 그림 대신 사진을 붙여도 근사할 거야!

다양한 문화

풍습

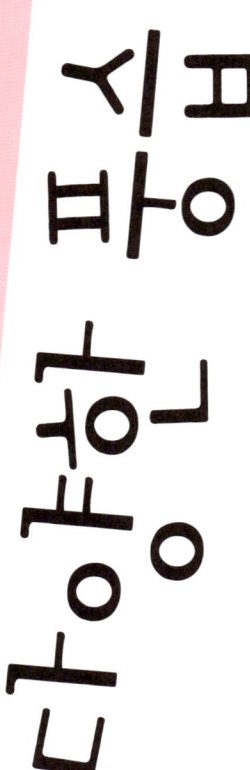

코를 **부비면서** 인사하는 곳이 어디지?

응곤도 축제는 어디서 열릴까?

미얀마의 카얀 지역 여성들은 목이 길어 보이려고 아주 무거운 목걸이를 차고 다녀.

피냐타는 진흙이나 두꺼운 종이로 만든 별 모양의 멕시코 전통 바구니야. 축제나 생일 파티 때 이 피냐타를 천장에 걸어 놓고 막대기로 때리면 그 속에 있던 사탕과 과일이 쏟아져. 우리나라의 콩주머니 던지기와 비슷하지?

인도 사람들이 이마에 붙인 빨간 점을 빈디 혹은 틸락이라고 해. 인도 북부 지방에서는 여성의 이마에 빈디가 있으면 결혼했다는 뜻이야.

일본에서 탄생한 오리가미는 색종이를 접어서 새, 배, 물고기 등을 만드는 것을 뜻해.

응곤도 축제는 카메룬의 우리 강가에서 열리는 물의 축제야. 이 날이 되면 사람들은 물속에 사는 조상들과 소통하며, 미래에 대한 이야기를 전해 받아.

그린란드에 사는 이누이트 족은 코를 부비면서 인사를 해.

폴란드에서는 크리스마스가 되면 식탁에 접시를 하나 더 올려놓아. 혹시 갈 곳 없는 사람이 찾아올지 모르기 때문이지.

그런데…… 알고 있니?
프랑스에서도 피냐타를 부수는 아이들이 있고,
인도에서도 오리가미를 하는 아이들이 있어.
풍습은 나라에 속한 것이 아니라 사람에 속한 것이거든.
사람들은 사는 곳을 옮겨도 자신들의 풍습을 잊지 않고
이어가고, 또 다른 풍습을 받아들이기도 해.

확인해 볼까?

너희 가족이 지키는 풍습은 어떤 것이 있니?
부모님에게 어렸을 때도 같은 풍습을 지켰는지 여쭈어 봐.
지금하고 똑같다?
분명 너희 가족은 새로운 풍습을 만들어 냈을 거야!

여성들이 목이 길어질 만큼 **목걸이**를 많이 차고 다니는 곳은 어딜까?

생일 파티에서 **피냐타**를 부수는 곳은?

코끼리감기는 어느 나라에서 할까?

크리스마스가 되면 식탁에 **접시** 하나를 더 올려놓는 곳은 어딜까?

여자들이 이마에 **빨간 점**을 그리고 다니는 곳은 어딜까?

안녕!

요즘에는 많은 어린이들이
2개 이상의 언어를 배우고 있어.
그리고 그 언어들을 사용해서
다양한 사람들과 대화를 해.

우리나라에서는
한국어 하나로 의사소통을 해.
하지만 어떤 나라에서는
2개의 언어를 쓰거나
더 많은 언어를 사용하기도 해.

HEI
GUTEN TAG
HALLO
BONJOUR
ZDRAVSTVUITE
CIAO
HEI

이 세상에 존재하는 언어가
몇 개나 되는지 알고 있니?
약 6,800개야!
그런데 지금 이 순간에도
많은 언어들이 사라져 가고 있어!

세상에 존재하는 모든 언어
가운데 가장 많이 사용되는 언어는 뭘까?
**중국어, 영어, 인도어,
아랍어, 스페인어 순이야.**

이건 어느 나라 말일까?
알아맞혀 볼래?

맛있어!

용설란 애벌레나 여왕개미를 먹어 본 적 있니? 피자는? 아니면 맛있는 터키 과자 바클라바는? 너는 초밥을 좋아해, 아니면 닭고기에 감자튀김을 좋아해? 새우와 홍합과 가재 같은 해산물을 곁들인 요리를 더 좋아한다고?

우리는 커 가면서 먹는 것과 먹지 않는 것, 맛있는 것과 맛없는 것, 적절한 것과 적절하지 않은 것이 무엇인지를 배운단다. 하지만 이 모든 기준은 어디서 살고 있는지, 그곳에서 구할 수 있는 음식 재료가 무엇인지에 따라 달라져.

어떤 곳에서는 절대 먹으면 안 되는 음식이 다른 곳에서는 즐겨 먹는 음식일 수도 있어. 인도에서는 소를 성스러운 존재로 여겨 절대 먹지 않거든. 그리고 누군가에게 '더러운 것'이 다른 사람에겐 아주 맛있는 음식이 되기도 해. 발리와 태국에선 잠자리와 전갈을 아주 귀한 음식으로 생각하고, 우리나라에선 개고기를 먹어. 유럽에서는 대부분 닭고기, 양고기, 소고기, 돼지고기, 말고기를 먹어.

가나의 원주민들은 흰개미를 굽거나 튀겨서 먹어. 흰개미는 단백질과 지방이 풍부해서 영양실조를 막아 주거든.

메뚜기, 여왕개미, 바클라바, 데리야키, 전갈, 번데기, 귀뚜라미, 뱀, 쥐. 이 요리들을 어느 나라에서 주문할 수 있는지 알아맞혀 볼래?

알고 있니?
이 세상에는 쌀로 만든 요리가 1,400가지나 있어. 그리고 전 세계인의 절반 이상이 쌀을 주식으로 먹어.

다양한 문화

지구는 우리 집

지구는 우리 모두가 같이 살고 있는 집이야. 비록 지구가 아무리 크다고 해도, 지구 반대편에서 산불이 나고, 가뭄에 강이 마르거나, 북극곰이 사라지면 우리 모두가 영향을 받게 돼.

현재 지구에는 약 170만 종의 동물과 식물이 살고 있어. 이 동식물들은 자연의 균형 속에서 중요한 역할을 하며 살아가고 있어. 그런데 자신들의 행동이 어떤 결과를 가져올지를 알지 못했던 인간이 이 균형을 깨뜨리고 있어.

지구 온난화는 우리 모두에게 영향을 줘.
지구의 온도가 올라가면 다양한 생물들이 함께 살아갈 수 없거든.

우리는 다양한 생물들이
살아갈 수 있도록 지구를 보호해야 해.
이 일은 엄청난 도전이 될 거야.
지구를 보호하기 위해 여러 나라에서
국제 협약을 맺고 있어. 하지만
우리 한 사람 한 사람이 일상생활에서
우리의 아름다운 이 푸른 집을
보호하고 돌보는 것이 더 중요해.
우리가 어떻게 해야 할까?

* 쓰레기를 분리해서 버리고, 재활용을 하자.

* 플라스틱 도장지와 비닐봉지를 사용하지 말자.

* 대중교통, 자전거를 이용하거나 걸어 다니자.

* 전기와 물을 아껴 쓰자.

* 이면지를 사용하자.
  그림을 양면에 그리면 더 예쁘잖아!

다양한 문화　107

세상에 너와 똑같은 사람이 있을까? 우리는 모두 달라.
우리 모두는 세상에 하나뿐인 특별한 사람들이야!
그래서 이 세상은 다양해. 다양한 것은 재미있는 거야.
세상 모든 것이 똑같다고 상상해 봐. 그럼 재미없지 않을까?

다르니까 재미있어!

이제 실천해 봐!

우리의 여행은 여기까지야!
이제 너는 이 세상에 너와 똑같은 사람이 있는지, 없는지를
잘 알고 있어. 그리고 왜 엄마가 둘이 될 수 있는지, 어떻게 손가락으로
책을 읽거나, 손으로 의사소통을 할 수 있는지를 알고 있어.

이제 너는 우리 모두가 다르다는 것과, '정상'이거나 '비정상'인
사람은 존재하지 않는다는 것을, 그러니까 우리 모두는 이 세상에
하나뿐인 사람들이라는 것을 알고 있어. 그리고 우리가 가족과 친구 등
여러 사람을 만나고 사귀면서 정체성을 만들어 간다는 것도 알고 있어.
또 우리 자신이 매일 변화하는 다양한 세계라는 것도 알고 있어.

이제 너는 모든 아이들이 많이 다르긴 해도, 모두가 똑같은 권리를
가지고 있으며, 똑같은 기회를 가져야 한다는 것을 알고 있어.
하지만 부당하게도 모든 아이들이 이 기회를 누리지 못한다는 것을 지켜봤을 거야.
이 세상에는 휠체어를 탔기 때문에 운동장에 나갈 수가 없어서 놀지도 못하는 아이들,
다른 언어를 쓴다고 해서 차별받는 아이들, 여러 사정으로 학교에 갈 수 없는 아이들
그리고 살아남기 위해 일을 해야 하는 아이들이 여전히 있어.

이 세상이 이렇게 불공평한 것은 대부분 어른들의 책임이야.
그렇지만 우리 아이들도 이런 불공평한 것들을 무너뜨릴 수 있어.
무슨 좋은 방법이 없을까? 이 질문에 대한 대답은 아주 다양해.
이 책을 덮는 순간, 넌 아마도 이 세상이 모두에게 보다 나은 곳이
될 수 있도록, 네 상상력을 마음껏 펼치게 될 거야, 그렇지?

함께 해보자!

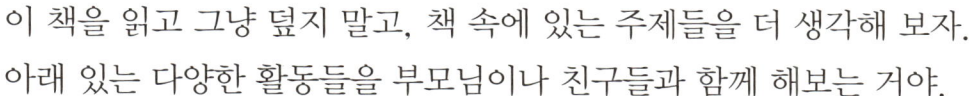

이 책을 읽고 그냥 덮지 말고, 책 속에 있는 주제들을 더 생각해 보자.
아래 있는 다양한 활동들을 부모님이나 친구들과 함께 해보는 거야.

* **조사** : 인터넷 검색, 도서관 방문, 다른 나라 아이들과의 펜팔, 인터뷰 등을 통해 관심 있는 주제에 대해 더 많은 자료를 찾아봐.
* **토론** : 인간 복제, 무기 판매, 아동 노동 문제, 공정무역 같은 주제를 두고, 자신의 생각과 역할을 토론해 봐.
* **내가 너라면** : 나와 다른 환경에 있는 사람이 되어 봐. 그러기 위해서는 상상력과 존중하는 마음이 필요해. 다른 사람이 되어 그 사람의 일상생활, 취미, 관심사 등을 글로 써보는 거야. 이렇게 쓴 글로 친구들과 이야기를 나눠 봐.
* **별명 붙이기** : 이건 차별 대우를 체험해 보는 데 아주 유용한 활동이야. 우선 종이에 거짓말쟁이, 겁쟁이, 촌놈 등등 나쁜 별명을 하나씩 쓰는 거야. 그런 다음 친구들의 이마에 그 별명을 한 장씩 붙여. 그런데 각자 자신의 이마에 붙은 별명이 무엇인지 몰라야 해. 그리고 처음 만난 사람처럼 서로 대화를 하고 어울리는 거야. 놀이가 끝난 다음에는 친구들과 이런 질문들을 주고받아 봐.
  ★ 친구들이 대하는 게 평소와 달랐니?
  ★ 기분은 어땠어?
  ★ 별명이 그 사람을 이해하는 데 도움이 됐어?

아름다운 꽃을 만들어 보자

네가 꽃이 되었다고 상상해 봐.
그리고 꽃잎 하나하나가
너의 일부라고 상상해 보는 거야.
꽃잎에 글씨를 쓰거나 그림을 그려 봐.
꽃잎 한가운데에 네 사진을 붙여 봐.
만약 여러 친구들과 함께한다면,
꽃밭을 만들 수도 있어.
각자 꽃을 그린 다음,
벽에 다 같이 붙이는 거야.
그럼, 눈앞에 여러 가지 색깔의
화려한 꽃밭이 펼쳐질 거야!

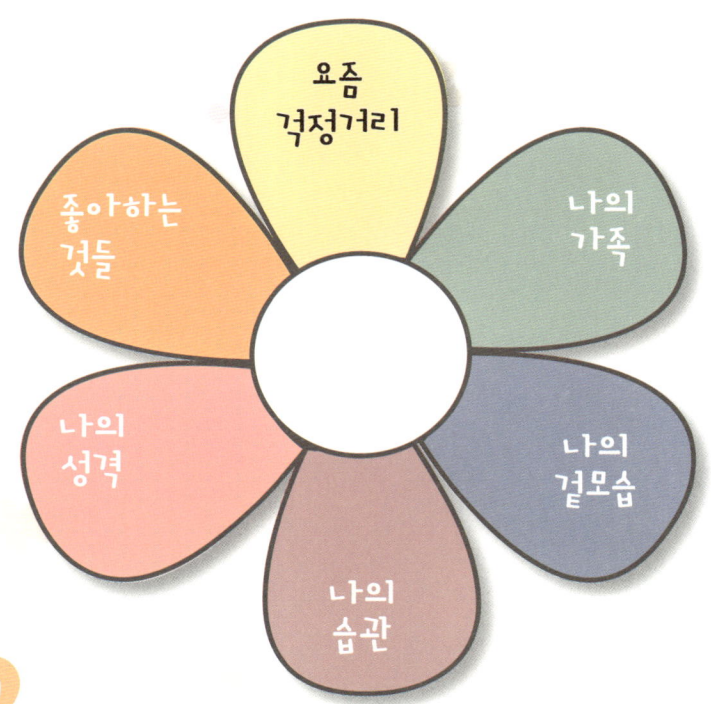

꽃잎: 요즘 걱정거리, 나의 가족, 나의 겉모습, 나의 습관, 나의 성격, 좋아하는 것들

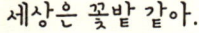

세상은 꽃밭 같아.
그리고 각 문화는 시들지 않도록 지켜야 하는 아주 고운 꽃이야.
그 꽃들이 비슷하게 보일 때도 있지만,
꽃마다 향기가 다르고, 감촉이 다르고, 색깔이 달라.
파란 꽃을 좋아한다고 파란 꽃만 심으면 어떻게 될까?
꽃밭이 아름답고 생기 있는 것은 다양한 꽃들이 있기 때문이야…….
– 엘이쿠라 치후아일라프 (마푸체 인디언 시인)